Niedermerz

Niedermerz

Kindheitserinnerungen

Von Josefine Jordans

Bibliografische Information der Deutschen Bibliothek:
Die Deutsche Bibliothek verzeichnet diese Publikation in der Deutschen
Nationalbibliografie; detaillierte Daten sind im Internet über
http://dnb.ddb.de abrufbar.

© 2021 Josefine Jordans
Satz, Cover, Herstellung und Verlag: Books on Demand GmbH, Norderstedt
ISBN 978-3-7557-4604-1

Vorwort

Es war im Frühjahr 1992 in Hamburg im Alsterpavillon. Wer Hamburg nicht kennt: Die Alster fließt mitten durch die Stadt und ist geteilt in Binnen- und Außenalster.

Der weltbekannte Jungfernstieg liegt direkt an der Binnenalster, die dort gestaut wird und einen kleinen See bildet. An den Ufern entlang kann man stundenlange Spaziergänge unternehmen. Zur einen Seite Wasser, auf dem die flachen Rundfahrtboote und Segler fahren, und zur anderen Seite große Luxushotels und teure, exklusive Geschäfte und Restaurants. Direkt am Jungfernstieg, einer sehr verkehrsreichen Straße, liegt der Alsterpavillon unmittelbar am Ufer der Binnenalster. Ich saß an einem Fenstertisch, schaute auf die Alster hinaus und wartete auf eine Freundin. In Gedanken war ich zu Hause und überlegte, was alles zu erledigen wäre, wenn ich nach Hause käme. Was mir einfiel, schrieb ich auf einen kleinen Block, damit ich es ja nicht wieder vergessen würde.

Plötzlich stand ein älterer Herr, mager, groß, etwa Ende sechzig, an meinem Tisch und fragte: ,,Entschuldigen Sie, ich habe Sie beobachtet, Sie schreiben. Sind Sie Schriftstellerin?''

Mit einem Lächeln gab ich zurück: ,,Nein, warum meinen Sie das?''

,,Ach, ich sah, wie Sie schrieben, und dachte, Sie wären eine Kollegin'', sagte der alte Herr etwas enttäuscht.

,,Leider nicht'', versicherte ich. ,,Ich habe zwar schon mal ein Gedicht geschrieben und ein Theaterstück angefangen, aber das ist alles.''

,,Haben Sie denn Phantasie und möchten Sie gern schreiben?'', fragte er, noch immer an meinem Tisch stehend.

,,Oh ja, ich glaube schon, dass ich Phantasie habe, und schreiben möchte ich auch gerne. Aber mir fehlt im Augenblick die Zeit dazu. Vielleicht später einmal, wenn ich älter bin und Rentnerin, dann werde ich versuchen zu schreiben.''

,,Das ist kein guter Vorsatz. Wenn Sie schreiben möchten, dann schreiben Sie jetzt. Wenn man älter wird, sind die Phantasie und der Verstand nicht mehr so frisch und jung, und es fällt immer schwerer, etwas Vernünftiges zustande zu bringen. Wie gesagt, wenn Sie schreiben wollen, dann schreiben Sie jetzt."

Als er mich wieder verlassen hatte, schien es mir, als habe er auf seiner Suche nach etwas Gesellschaft bedauert, in mir keine Schriftstellerin gefunden zu haben.

Als mir später seine Worte durch den Kopf gingen, habe ich es sehr bereut, dass ich ihn nicht gebeten hatte, sich zu mir zu setzen, um ein wenig länger zu plaudern. Er war bestimmt sehr einsam.

Seit dieser seltsamen Begegnung stand mein Entschluss fest, mit dem Schreiben nicht zu warten, bis ich 60 Jahre oder älter bin, denn wenn man sich die Zeit nicht nimmt, hat man sie nie.

Wenige Zeit später begann ich, die Erlebnisse meiner Kindheit, an die ich mich noch sehr gut erinnere, aufzuschreiben. Es war unwahrscheinlich: Es fielen mir Dinge ein, die ich mit gut drei Jahren erlebt hatte. Schon nach der ersten Geschichte überschlugen sich meine Gedanken so sehr, dass ich Mühe hatte, alles zu Papier zu bringen.

Doch nun liegt es an Ihnen, lieber Leser, meine Erzählungen einmal aus der Sicht des Kindes zu sehen und manchmal aus der gegensätzlichen Sicht eines Erwachsenen.

*

Zu Hause in Niedermerz

In einem kleinen Ort im Rheinland mit etwa 600 Einwohnern, einer Kirche, einer zweiklassigen Schule, in der zwei Lehrpersonen je vier Schuljahre unterrichteten, zwei „Tante-Emma-Läden" und zwei Bäckereien erlebte ich meine Kindheit. Meine Eltern waren stolze Besitzer einer der Bäckereien, die mein Vater von seinem Vater, meinem Großvater, und der wiederum von seinem Vater, meinem Urgroßvater, übernommen hatte.

Wie früher üblich hatten wir auch drei Kühe im Stall, zwei Pferde, die den Bäckerwagen ziehen mussten, Kaninchen, Schweine und Hühner. Direkt nebenan wohnten Oma Josefine und Opa Leonhard, die Eltern meines Vaters, und dessen zwei Brüder. Onkel Heinrich bewirtschaftete mit Tante Maria eine große Obstplantage und Onkel Hubert besaß einen Bauernhof. Seine Frau, Tante Leni, war eine große, kräftige und hübsche Person. Mit ihren großen, dunklen Augen und ihren lockigen, pechschwarzen Haaren erinnerte sie ein wenig an eine Zigeunerin. Hubert und Leni hatten zwei Kinder. Die Tochter hieß Mia. Sohn Leo war nach unserem Großvater Leonhard benannt.

Meine um vier Jahre ältere Schwester Ingrid spielte nur selten mit uns. Sie ging schon zur Schule und musste in der Bäckerei und im Haushalt mithelfen. Mia, Leo und ich, manchmal auch noch Nachbarskinder, spielten die meiste Zeit auf dem Bauernhof und in den angrenzenden Wiesen. In der Bäckerei meiner Eltern arbeiteten ein Bäckergeselle und zwei bis drei Frauen, die überall da mithalfen, wo die meiste Arbeit anfiel. Unser Haus war sehr groß mit vielen Zimmern. Da die Angestellten zu der Zeit wenig verdienten und kein Auto hatten, wohnten sie die Woche über bei uns.

Alle Schlafzimmer, nämlich das meiner Eltern, unser Kinderzimmer und die Zimmer der Angestellten, befanden sich auf der ersten Etage. Ein Badezimmer gab es im Erdgeschoss. Aber dort wurde der Ofen nur am Samstag geheizt, wenn alle nacheinander badeten.

Hochzeitsfoto meiner Eltern Franz und Maria Bremen

Zur Straße hin im Erdgeschoss befanden sich zwei hintereinander liegende Wohnzimmer, die aber nur am Sonntag benutzt wurden. Neben dem Eingang auf der anderen Seite des Hauses lag der Laden. Er war nur halb so groß wie das Wohnzimmer. Aber er reichte aus für die wenigen Kunden, die am Tage kamen. Ich kann mich nicht erinnern, dass er einmal voller Kunden gestanden hätte oder jemand hätte lange warten müssen.

In unserer Straße wohnte ein mongoloider Junge namens Josef. Er war etwa 18 Jahre alt und sehr kräftig, tapsig und unbeholfen. Meine Mutter mochte ihn wohl nicht besonders, weil er sie von der Arbeit abhielt. Wenn er sich langweilte, kam er oft in unseren Laden. Josef hatte Angst vor Hunden. Das wusste meine Mutter. Wenn sie ihn schnell loswerden wollte, bellte sie laut wie ein Hund aus der angrenzenden Küche. Josef ließ sich eine Zeit lang dadurch täuschen und nahm Reißaus. Bis er durch Zufall bemerkte, dass da kein Hund, sondern die Bäckersfrau bellte. Da rief er laut: „Tante Wauwau!" Dabei tanzte er vor Freude und schwang seine dicken Arme hin und her. Wir lachten alle laut und herzlich. Josef bekam ein paar Bonbons und hüpfte die Straße hinunter nach Hause

*

Die Küche, das Zentrum des Hauses

Hinter dem Laden lag unsere Küche. Sie war einfach, aber wohnlich eingerichtet und mit kleinen roten und weißen Kacheln gefliest. Durch ein großes Fenster konnte man in die Veranda schauen, heute würde man Wintergarten sagen. Unter dem Fenster standen eine lange Holzbank und ein großer Tisch mit Stühlen, an dem jeden Morgen und jeden Mittag alle zusammen aßen. Vor der Mahlzeit warteten wir Kinder, bis die Eltern und alle Angestellten Platz genommen hatten. Dann betete mein Vater ein kurzes Tischgebet, und erst jetzt durften wir anfangen zu essen. Einmal hatten wir einen Gesellen, der evangelisch war. Uns Kindern erschien es komisch, dass er beim Tischgebet die Hände anders faltete als wir.

Wir besaßen damals schon einen Kühlschrank, der aber nicht so leise war wie die Kühlschränke von heute. Beim Spielen warf ich einmal aus Versehen meinen großen Teddy dagegen. Im gleichen Augenblick sprang der Motor des Kühlschranks an. Den Schrecken, der mir da in die Glieder gefahren ist, glaube ich heute noch zu spüren. Auch eine Nähmaschine, ein brauner Küchenschrank, in der Mitte mit Scheiben und einer Ablage darunter, hatten ihren Platz in der Küche. An der Wand zur Backstube standen zwei Herde, ein großer Kohlenherd und ein Elektroherd. Mein Vater hat oft mit meiner Mutter geschimpft, wenn sie wieder einmal vergessen hatte, eine Platte auszuschalten. Es war ja auch eine Umstellung vom Kohlenherd ohne Schaltknöpfe auf den Elektroherd. Das meiste wurde aber auf dem Kohlenherd gekocht, der mit Holz und Briketts gestocht wurde. Wenn die Glut sehr stark war, wurde die Herdfläche oft feuerrot. Dann nahm meine Mutter mit einem Eisenhaken Ring für Ring über der Glut weg und setzte den Topf oder den Wasserkessel auf die Öffnung, damit die Hitze unmittelbar an den Kessel kam und dieser dann umso schneller kochte. Auf diesem Herd wurde nicht nur das Mittagessen gekocht. Montags stand ein riesiger Waschkessel mit Kochwäsche darauf. Auch der Reisbrei für unsere Reisfläden und das Obst für die Obstfläden wurden hier gekocht. Das Obst, das nicht sofort verbraucht werden konnte, wurde in 2- oder 3-Liter-Einmachgläser gefüllt und anschließend im Einmachkessel auf dem Herd zugekocht. Das war viel Arbeit für meine Mutter und die Hausmädchen. Zu jener Zeit gab es noch kaum Obstkonserven. Zudem hatten wir Äpfel, Birnen, Pflaumen, Kirschen und Stachelbeeren aus den eigenen Wiesen und Gärten. Es wäre ein Frevel gewesen, dieses Obst nicht einzukochen. Jeder Baum und Strauch wurde bis zur letzten Frucht abgeerntet. Selbst das Fallobst wurde aufgelesen und verwertet.

Nachmittags, wenn die Arbeit in der Backstube beendet war, zog mein Vater mit den Gesellen zur Wiese, dem „Paußhof". Die Apfelbäume dort waren so hoch, dass sie riesig lange Holzleitern brauchten, um die leckersten Äpfel aus den Baumkronen pflücken zu können. Mit viel Geschick balancierte mein Vater die schwere Leiter senkrecht von einem Ast zum andern. Die eine Hand an einer Sprosse ziemlich unten, die andere etwa drei Sprossen höher, hob er die Leiter alleine hoch und setzte sie etwas schräg an einen dicken, sicheren Ast. Mit einem Henkelkorb aus Weide in der Hand kletterte er die Leiter hinauf. Oben hängte er den Korb mit einem Fleischerhaken an der Leiter ein. Schnell war er gefüllt mit dicken Boskopäpfeln. Sie waren lange lagerfähig und ließen sich zu einem sehr aromatischen, leckeren Kompott verarbeiten. Mit gefüllten Körben gingen wir in der Abenddämmerung heim. Doch vorher mussten die Leitern noch gelegt werden, denn bei einem Sturm hätten sie ja umfallen können. Zwei Männer waren dafür nötig. Einer stellte seinen Fuß auf die untere Sprosse und hielt mit beiden Händen die Leiter fest, der zweite Mann ließ mit erhobenen Händen Sprosse für Sprosse langsam die Leiter zu Boden. Was so leicht aussah, erforderte viel Geschick. Es geschah auch schon einmal, dass dieses Manöver misslang. Dann hieß es blitzschnell zur Seite springen.

*

Unser Speicher als Apfellager

Ein Großteil der Äpfel und Birnen, die im Herbst auf dem Paußhof geerntet wurden, lagerten wir auf dem großen Speicher unseres Hauses. Der Fußboden war aus Beton. Das war schon fortschrittlich, da die meisten Decken in den Häusern noch aus Holz und Lehm bestanden. Zwischen den Dachziegeln pfiff der Wind, wenn es draußen stürmte und schneite. Gefroren ist unser Obst allerdings nie; denn bei starkem Frost wurden die Äpfel und Birnen mit Papier und Säcken abgedeckt. Ab und zu wurde das Obst „ömjeraaf", das heißt aussortiert und neu aufgeschichtet. Abends, wenn meine ältere Schwester Ingrid und ich im Bett lagen, fielen uns plötzlich die großen Obstvorräte auf unserem Speicher ein. Leise schlichen wir uns eine Treppe höher auf den Speicher. Vorsichtig traten wir auf die Seiten der Holzstufen, da knarrte es weniger. Hörte Mutter uns nämlich, dann schimpfte sie mit uns, weil wir immer noch nicht schliefen. Oben angekommen, lag vor uns eine wahre Pracht und Vielfalt von Äpfeln. Boskop, die etwas sauer, aber am längsten haltbar waren, gaben einen sehr leckeren Kompott für unsere Fläden. Sternrenetten waren dunkelrot mit kleinen weißen Pünktchen, die aussahen wie Sterne. Sie hatten weißes, festes Fleisch und waren etwas süßer. Mir schmeckten die Cox Orange am besten. Sie waren sehr saftig und etwas säuerlich. Ingrid aß am liebsten einen sauren Boskop. Schon auf dem Speicher wurde ein Apfel vertilgt, einen zweiten nahmen wir mit für später. Licht aus, Türe zu und wieder ab ins Bett. Die Äpfel schmeckten köstlich. Nicht gewaschen, sondern nur ein wenig am Bettlaken oder Schlafanzug abgerieben, bissen wir voll zu. Wer hatte den größten Biss? Das war meistens meine Schwester. Doch die Hauptsache war: Die stibitzten Äpfel schmeckten hervorragend.

*

Angst vor dem Gewitter

Jeden Abend wurde Sauerteig zubereitet. Dabei durfte ich mitmengen, wenn ich Lust dazu hatte. Mein Vater hob mich auf den Tisch und ich kniete vor der riesengroßen Schüssel, in der ich hätte baden können. Er schob mir beide Pulloverärmel ganz hoch, sodass ich mit beiden Händen in dem weichen, warmen Brei aus Wasser und Schrot kneten konnte. „Du musst auch ganz unten in den Ecken graben, damit der Schrot auch dort mit Wasser vermengt wird", belehrte mich mein Vater. Diese Worte klingen bis heute in meinem Ohr.

Ich durfte jedes Mal sehr lange und gründlich mengen, bis keine Knoten mehr da waren. Zur Probe ließ ich dann den Sauerteig zwischen meinen Fingern langsam in die Schüssel laufen. Es war ein herrliches Gefühl, mit beiden Armen bis zum Ellenbogen in dem lauwarmen Brei zu mengen. Bei jedem Rühren in einer Schüssel gehe ich heute noch automatisch immer ganz unten am Rand vorbei. Dann werden meine Kindheitserinnerungen wieder lebendig.

An einem anderen Tag zog sich der Himmel zu und es gab ein fürchterliches Gewitter. Mein Vater merkte, dass ich große Angst vor dem hellen Blitz und dem lauten Donner hatte. Er nahm mich auf seine Arme und trug mich zu dem großen Backstubenfenster, von dem aus wir das Gewitter gut

Das bin ich, an dieses blaue Stickkleid mit dem
weißen Bommel kann ich mich noch erinnern

beobachten konnten. Die kleinen Arme fest um seinen Hals geschlungen,
bibberte ich ein wenig. „Du brauchst keine Angst zu haben, hier kann dir
nichts passieren", sagte er mit ruhiger Stimme und strich mir dabei übers
Haar. „Siehst du, gleich blitzt es wieder", und tatsächlich, es zuckten lange
grelle Blitze am Himmel, einer nach dem anderen. Meine Angst war in
seinen Armen schon viel weniger geworden. Er erklärte mir: „Die großen

dunklen Wolken da oben stoßen zusammen. Dabei gibt es einen elektrischen Blitz, ähnlich wie in einer Lampe, und kurz darauf hörst du den Donner. Je weiter das Gewitter von uns entfernt ist, desto später donnert es; denn der Schall braucht eine Zeit, bis er bei uns ankommt. Wenn du zwischen Blitz und Donner langsam bis zehn zählen kannst, ist das Gewitter zehn Kilometer von dir entfernt."

Je länger mein Vater mit seiner tiefen, ruhigen Stimme zu mir sprach, desto mehr schwand meine Angst, die sogar langsam in Staunen und Faszination überging. „Der Blitz schlägt immer im höchsten Punkt ein. Hier im Haus kann dir nichts passieren. Wir haben einen Blitzableiter auf dem Dach, dessen Leitung bis in die Erde geht. Wenn du mal bei einem Gewitter unterwegs auf freiem Feld bist und weit und breit kein Baum und Strauch zu sehen ist, musst du dich einfach auf den Boden in eine Furche legen. Unter einem hohen Baum kann es auch gefährlich sein. Wenn der Blitz in den Baum einschlägt, kannst auch du getroffen werden. Ebenso kann ein herabstürzender Ast dich verletzen." Vater stand noch lange mit mir am Fenster, und ich fühlte mich in seinen Armen sicher und geborgen.

Mein Vater war für mich immer der stärkste Mann, den ich kannte. In der Backstube neben der Küche hob er mich manchmal mit einer Hand so hoch, dass ich die Decke mit meinen Händen berühren konnte, wenn ich sie ausstreckte. Es war wunderbar, von einer so starken Hand in die Luft gestemmt zu werden, ohne sich irgendwo festhalten zu müssen. Es war ein wenig wie Schweben.

*

Vom Korn zum Brot

Über der Backstube befand sich das Mehlzimmer. Die Bauern brachten nach der Ernte den Roggen zu uns. Er war in Jutesäcken abgefüllt, die ungefähr einen Doppelzentner wogen. Die Bauern, mein Vater und auch die Gesellen schleppten unter lautem Stöhnen und rot angelaufenen Köpfen die 100-Kilo-Säcke die Treppe hinauf. Zum Nachtrocknen wurde das Korn gleichmäßig etwa einen halben Meter hoch auf den Betonboden geschüttet. Ob mein Vater es mir erlaubt hatte, weiß ich nicht mehr, aber ich hatte ruck, zuck meine Schuhe und Strümpfe aus und stapfte durch das ausgeschüttete Getreide. Es war ein schönes Gefühl, bis zu den Knien im Korn zu versinken. Langsam zog ich ein Bein aus dem Körnerhaufen und genauso langsam versenkte ich es wieder. Die Körner kribbelten an meinen Beinen hoch. Manchmal bekam ich das Übergewicht und landete der Länge nach im Getreide. Schöner als Sand, schöner als Wasser! Solche Gefühlseindrücke bewahrt man für sein ganzes Leben.

Gleich nebenan stand eine alte Schrotmühle. Oben hatte sie einen großen Holztrichter, der ca. 50 Kilogramm Getreide fasste. Wenn gemahlen werden musste und mein Vater den Motor einschaltete, fingen die Mahlsteine im Inneren der Maschine mit lautem Getöse und Gekrache an, sich zu drehen. Man verstand sein eigenes Wort nicht mehr, so laut war es. Vorne an der Mühle hing ein langer Sack, besser gesagt, ein langer Schlauch aus Leinen, dessen Auslauf mit einer Kordel zugebunden war. Durch ein Loch im Boden des Mehlzimmers reichte er hinunter bis in die Backstube, genau in den Bottich der Schwarzbrotmaschine hinein. Das war sehr fortschrittlich, denn so brauchte der frisch gemahlene Schrot nicht hinuntergetragen zu werden.

Frischer, vitaminschonender und gesundheitsfördernder ging es damals und auch heute nicht. Viele Bäckereien mahlen auch heute wieder ihren Schrot und ihr helles Mehl selbst. Das ist sehr arbeitsintensiv und teuer. Früher ernährten sich die Menschen zu 80 Prozent von Vollkornbrot und nur am Wochenende und an Feiertagen gab es Weißbrot, hin und wieder mit Rosinen. Das war dann etwas ganz Besonderes. Aber längst nicht alle Familien konnten sich solch einen „Wecken" leisten.

Fast alle Backwaren, die bei uns hergestellt wurden, mussten mit Pferd und Wagen zu den Kunden gebracht werden. Dazu wurden unsere beiden Pferde, die fein säuberlich gestriegelt waren, vor den Bäckerwagen gespannt. Es war ein großer grün gestrichener Holzwagen, ähnlich den früheren Zirkuswagen.

Vorne auf dem Bock saßen der Kutscher mit den Zügeln in der Hand und ein Beifahrer. Mein Vater hat oft erzählt, dass die Pferde manchmal scheuten und mit dem Wagen im vollen Galopp durchbrannten. Gelang es dann, sie bergauf zu lenken, war die wilde Fahrt bald zu Ende.

Als mein Großvater einmal krank wurde, schickte er meinen Vater, der damals zwölf Jahre alt war, allein mit dem Bäckerwagen los. Oma musste zu Hause bei ihrem kranken Mann und den anderen fünf kleinen Kindern bleiben. Mein Vater erzählte: „Ich wusste gar nicht, wo alle unsere Kunden wohnten. Aber unser treues, altes Pferd wusste es. Es blieb vor jeder Tür eines Kunden stehen, und siehe da, am Abend, als ich meinen Eltern in allen Einzelheiten von der Tour berichtete, stellte sich heraus, dass das Pferd keinen einzigen Kunden vergessen hatte."

Bevor unser grüner alter Bäckerwagen später verkauft wurde, durften wir Kinder darin spielen. Was uns viel Spaß bereitete, denn für uns war es unser eigenes Haus.

*

Morgens um fünf in der Backstube

Unser Backofen war so groß, dass er fast die Querseite der Backstube ausfüllte. Er war aus grau-blauen Feuersteinen gemauert. An der Seite des Backofens befand sich die Feuerung. Wenn der Ofen geheizt werden musste, öffnete der Geselle die schwere gusseiserne Türe. Zuerst legte er etwas Papier hinein. Darauf wurden trockene Holzscheite und zuletzt Brikettkohle aufgeschichtet. Nun warf er ein brennendes Stück Papier hinein und schon fing das Papier im Ofen Feuer. Die Flammen züngelten erst ganz klein um die Holzstücke, dann wurden sie immer größer und loderten meterhoch. Zirka fünf Zentimeter dicke Eisenrohre, die mit Wasser gefüllt waren, ragten in die Feuerung hinein. Sie führten von dort aus unter und über die Herdflächen, die so beheizt wurden. Je mehr Briketts der Geselle in das Feuer warf, desto toller loderten die Flammen, desto heißer wurde der Ofen.

Ich stand gerne davor und schaute in die lodernden Flammen, die ständig in Bewegung waren. Dabei wurde mein Gesicht von der Hitze feuerrot. Manchmal öffnete der Geselle eine Klappe unter der Glut. Nun bekam das Feuer noch mehr Sauerstoff. Die Flammen schlugen noch höher und züngelten um die Eisenstangen. So ähnlich müsse es beim Teufel in der Hölle zugehen, stellte ich mir vor

Die Vorderseite des Ofens war mit weißen Kacheln gefliest, in denen die beiden großen, schweren gusseisernen Backofentüren wie zwei Riesenaugen wirkten. Unter der unteren Tür befand sich eine Querstange, auf der man ein Brett ablegen konnte. Wenn mein Vater mit dem langen Holzschieber die Brote aus dem Ofen holte und sie auf dieses Brett kippte, stand der Geselle daneben und strich die Brote mit „Papp" ab, damit sie schön glänzten. Das ist ein dünnflüssiger Brei, der aus Wasser und Kartoffelmehl gekocht wurde. Am interessantesten für mich war das Einschieben von Brötchen. Dazu benutzte mein Vater einen flachen Holzschieber, der so lang und so breit war wie eine Bohnenstange. Die Brötchen wurden schräg hintereinander auf dieses schmale, lange, glatte Brett gelegt. Es passten zirka 15 bis 20 Stück darauf. War der Schieber voll, öffnete mein Vater die Ofentüre, schob den Schieber hinein und kippte mit einer blitzschnellen, geschickten Drehung die Brötchen auf die Herdplatte. Vater schloss die Ofenklappe wieder und die gleiche Prozedur ging von Neuem los: Schieber heraus, Brötchen auflegen, Tür auf, Brötchen abkippen, Schieber heraus, Tür wieder zu. Das erforderte viel mehr Geschick, als man sich vorstellen kann, denn die Ofentüre war ja viel schmaler als die Herdfläche. Deshalb wurden die Brötchen schräg in strahlenförmigen Reihen abgelegt. Für die Reihen an den Seiten, die ja viel kürzer waren, benutzte Vater einen älteren Schieber, der im Laufe der Jahre so abgeschlissen war, dass er nur noch halb so lang war wie ein neuer.

Das alles weiß ich noch so genau, weil ich als kleines Mädchen mit etwa fünf Jahren früh aufgestanden bin und meinem Vater beim Brötcheneinschieben geholfen habe. Vorsichtig öffnete ich die Backstubentüre, um zu sehen, wie mein Vater bei meinem Anblick reagierte. Doch wenn er mich sah, ging ein Lächeln über sein Gesicht und er fragte: „Kannst du nicht mehr schlafen?" Ich schüttelte den Kopf. „Ich wollte dir helfen, die Brötchen einzuschieben. Ich kann dir die Türe immer auf- und zumachen, dann brauchst du den Schieber nicht aus der Hand zu legen", bot ich mich an. „Dann komm und probier, ob du groß und stark genug bist, um die Türe zu öffnen", antwortete er. Aber siehe da, ich war noch zu klein. Das Problem war schnell gelöst. Mein Vater holte eine kleine Holzkiste, in der früher die Marzipanrohmasse geliefert wurde, und stellte sie an den Ofen. Schnell kletterte ich hinauf, und jetzt war ich groß genug. Mit beiden Händchen umklammerte ich den eisernen Griff, der an einem dicken Gewicht befestigt war, und zog mit aller Kraft daran. Hurra, es klappte, die schwere Ofentüre ging auf. Wie ein Wachsoldat stand ich auf meinem Posten, um im richtigen Augenblick die Tür zu öffnen und wieder zu schließen. Manchmal, wenn meine Kraft etwas nachließ, half mein Vater ein wenig mit.

Eines Tages war es so weit, da brauchte ich die Kiste nicht mehr. Stolz sagte ich: „Sieh nur, Papi, ich komme jetzt schon so dran." – „Du bist ja auch schon ein großes Mädchen", lächelte er mich an. Es dauerte zirka zehn Minuten, bis der Ofen voll beschickt war. Dann wurde die andere Herdfläche belegt. In der Zeit waren die ersten Brötchen schon gar und mussten herausgeholt werden. Dazu nahm mein Vater zwei Schieber, einen kurzen, mit dem er mehr Gewalt hatte, und einen längeren, und führte sie vorsichtig zwischen die Reihen, die schon braun waren. Er drückte sie zusammen und zog so mit geschlossenem Dreieck die Brötchen aus dem Ofen. Darunter stand ein großer Weidenkorb, in den sie dann hineinpurzelten. Jedes Mal nahm er eines in die Hand, um zu prüfen, ob sie auch gut gebacken waren.

Mein Vater erzählte auch oft von dem Backofen, mit dem mein Großvater und Urgroßvater und auch er noch gearbeitet hatten. Es war ein Königswinterofen. Das Besondere daran war, dass er keine seitliche, sondern eine direkte Feuerung hatte. Dazu wurden die Herdflächen mit Holzscheiten bedeckt, die dann angezündet wurden. War das Holz verbrannt und die Herdflächen weiß-grau von der Glut, so wurde die Asche herausgeholt und die Herdflächen mit nassem Lappen ausgewaschen. Nun erst konnte das Brot hineingeschoben werden. Schwaden oder Dampf gab es auch keinen, sodass die Brote gerne beim Backen aufplatzten und sich an den Seiten manchmal dicke Teigknubbel bildeten. Im Laden kam es dann vor, dass eine Kundin sagte: „Das Brot will ich nicht, geben Sie mir bitte ein anderes." Darauf hatte mein Vater, schlagfertig und witzig wie er war, gleich eine Antwort parat: „Den Knubbel bekommen Sie doch gratis, dann macht es doch nichts – oder?" Eine Kundin, so erzählte er, bekam immer ein halbes Brot. Dabei achtete sie stets darauf, dass sie auch ja den größeren Teil bekam. Doch gewieft wie Franz war, hielt er die beiden Hälften nebeneinander und schob das kürzere Stück ein wenig vor, sodass die Kundin glaubte, das vorstehende sei auch das größere, und doch bekam sie jedes Mal das kleinere Stück. Das waren dann die kleinen Freuden des Alltags.

*

Mein größter Weihnachtswunsch

War ich drei Jahre oder vier? So genau kann ich es nicht mehr einordnen. Da wünschte ich mir nichts sehnlicher als ein Dreirad zu Weihnachten. Um auch sicher zu sein, dass das Christkind meinen Wunsch hörte, setzte ich mich auf die Stufen vor unserem Haus und rief, so laut ich konnte: „Christkindchen, bring mir bitte ein Fahrrädchen!" Das hatte ich wohl mehrmals gerufen und meine Mutter hatte es auch gehört. In den nächsten Tagen muss ich wohl sehr ungezogen gewesen sein, denn sie sagte oft zu mir: „Wenn du nicht brav bist, bekommst du bestimmt kein Fahrrädchen vom Christkind. Dann bringt es dir einen dicken Stock." Ich muss sie wohl sehr ungläubig angeschaut haben, denn sie sagte: „Da kannst du ruhig gucken, Kinder, die nicht hören, was ihre Eltern sagen, bekommen statt eines Geschenks zu Weihnachten einen dicken Stock auf ihren Teller." Was ich Böses getan habe, weiß ich nicht mehr, und es muss auch gar nicht so schlimm gewesen sein, sonst könnte ich mich bestimmt noch an meine Missetaten erinnern. Doch ich höre noch heute die Ermahnungen meiner Mutter, die während meiner ganzen Kindheit wohl nie aufgehört haben. „Iss deinen Teller leer, mach voran, sonst wird dein Essen kalt, du musst was essen, sonst wirst du krank, hampel nicht so am Tisch." Und ich musste jeden Mittag einen Mittagsschlaf halten, auch wenn ich viel lieber mit meinen Freundinnen draußen auf dem Hof weitergespielt hätte. Da habe ich oft geweint, und zur Not half meine Mutter dann mit einem Klaps auf den Po nach, wenn ich mich zu sehr wehrte. Spätestens dann hatte ich verloren, gab den Kampf auf und fiel auf dem Sofa im kühlen, dunklen Wohnzimmer in einen wohltuenden Schlaf. Wenn es draußen heiß war, hat mir dieses Ruhen sehr gut getan, und ich konnte hinterher wieder mit neuer Kraft spielen, nur habe ich das damals nicht so gesehen.

Das Weihnachtsfest rückte näher. Am Heiligabend lag ich mit meiner vier Jahre älteren Schwester Ingrid im Bett. Die Gardinen waren zurückgezogen und wir schauten hinauf in den sternklaren Himmel. Noch heute sehe ich den dunkelblauen Himmel vor mir, den kein Wölkchen trübte. Unendlich viele Sterne funkelten. Meine Schwester erzählte, dass bald das Himmelstor da oben aufgehen müsse und das Christkind mit seinen Engeln herunter auf die Erde kommen werde. Voller Spannung und Erwartung malte ich mir das wunderschöne Ereignis aus. Aber leider habe ich es nur in meinen Träumen erlebt; denn irgendwann sind mir vor Müdigkeit die Augen zugefallen.

Am nächsten Morgen war Weihnachten. Wir Kinder waren als Erste auf. Wenn wir sonst trödelten, an diesem Morgen waren wir schnell fertig und hatten unsere Sonntagskleider auch schon angezogen. Heute war es unser Vater, der noch nicht fertig war. Er stand im Badezimmer in Hemd und Unterhose mit Rasierschaum im Gesicht. Ungeduldig drängten wir ihn: „Nun mach doch voran, beeile dich doch, wir wollen sehen, was das Christkind gebracht hat." – „Nur langsam, ich muss mich erst fertig rasieren", entgegnete er. Wir liefen schon mal die Treppe hinunter und horchten an der verschlossenen Wohnzimmertüre. Meine Mutter war in der Küche und kochte Kaffee. „Geht doch eben nach nebenan und holt Opa und Oma herüber, sie sollen bei der Bescherung dabei sein." Sofort rannten wir hinaus über den Hof nach nebenan, wo unsere Großeltern wohnten. Sie hatten schon gefrühstückt und kamen gleich mit uns.

Aber unser Vater, der die Spannung wohl auf den Höhepunkt treiben wollte, war noch immer nicht fertig. Wir brachten ihm Hose und Schuhe und zerrten ihn die Treppe hinunter. Unten im Flur waren nun alle versammelt. „Ihr wartet hier, ich gehe hinein und zünde erst die Kerzen am Baum an", sagte meine Mutter. Durch einen schmalen Spalt verschwand sie hinter der Türe. Wir Kinder trippelten von einem Bein aufs andere, das Warten wurde fast unerträglich. Da erschien endlich unsere Mutter wieder, schob die Türe weit auf und sagte: „So nun kommt herein und seht, was das Christkind gebracht hat." Ganz langsam, beinahe ehrfürchtig betraten wir das Wohnzimmer. Es war nur spärlich vom Schein der Christbaumkerzen erleuchtet. Meine Augen streiften den geschmückten Baum und bestaunten den reich mit Geschenken beladenen großen, runden Tisch. Mutter packte nie Geschenke ein, und so konnte man gleich alles erkennen. Sie führte jeden einzeln zu seinem Teller mit Süßigkeiten, Äpfeln, Apfelsinen. Daneben lagen sorgsam gefaltete neue Kleidungsstücke: ein Pullover für Oma, ein Hemd für Opa, eine Jacke für Vater, für Mutter ein bunter Kleiderstoff. Nun war meine Schwester an der Reihe. Hinter dem Gabentisch an den Schreibtisch gelehnt stand ein großes grünes Fahrrad für sie. Mit lautem Oh und Ah bestaunte sie das unerwartete Geschenk.

Nur ich konnte meinen Teller und mein Geschenk nicht finden. Ich stellte mich auf die Zehenspitzen, um besser über den vollen Tisch schauen zu können. Aber ich konnte beim besten Willen nichts für mich entdecken. Hilfe suchend wandte ich mich an meine Mutter. Sie führte mich zu einem Teller, der ganz leer war. Nur ein Stock, etwa drei bis vier Zentimeter dick und einen halben Meter lang, lag darauf. Mir blieb fast der Atem stehen, als meine Mutter zu mir sprach: „Siehst du, ich habe es dir ja immer gesagt, ungezogene Kinder bekommen nichts vom Christkind. Die bekommen nur einen dicken Stock."

Ich stand da wie angewurzelt und konnte nicht fassen, was da auf dem Tisch vor mir lag. Ich, ausgerechnet die Kleinste unter all den Großen, blickte verstört einen nach dem anderen an. Den Tränen sehr nahe, sah ich in die Augen meiner Oma, die wohl genau fühlte, was in mir vorging. Sie empfand wohl, das Strafmaß sei nun voll genug. Sie beugte sich zu mir herunter, nahm mich liebevoll bei der Hand und sagte: „Schau mal da! Steht da nicht noch etwas hinter der Glastür?" Meine Augen schweiften zu der offen stehenden Türe, und sogleich verwandelten sich meine Gesichtszüge in ein strahlendes Lachen. Das Vorderrad meines Dreirädchens war zu sehen. Sofort lief ich hin und schob mit beiden Händen mein kleines Kinderdreirad ins Zimmer. Alle bestaunten es und freuten sich mit mir, dass ich nicht leer ausgegangen war. Mein Rädchen war ein wenig zu groß. Deshalb musste mein Vater noch den Sitz verstellen, damit ich mit meinen kurzen Beinen an die Pedale kam. Ich sehe es heute noch vor mir. Gelb war es, leuchtend gelb mit Speichenrädern und Kettenantrieb, wie ein Rad für Erwachsene.

Später nahm ich auch den dicken Stock in die Hand, den ich vorher nicht anzurühren gewagt hatte. Um auch sicher zu sein, dass keine Strafe mehr von ihm ausgehen konnte, trugen mein Vater und ich ihn nach draußen auf den Hof und schlugen ihn mit einem scharfen Beil in tausend Stücke.

Ich habe meine Mutter nie danach gefragt, warum sie mir diese Lektion erteilt hat. Für mich steht nur eines fest: Wenn ein Kind nicht genau weiß und nicht einsieht, warum es eine Strafe bekommt, dann hat es überhaupt keinen Sinn, es zu bestrafen; im Gegenteil – man erweckt nur Ablehnung,

Aufsässigkeit und das Gefühl, ungerecht behandelt worden zu sein. Später bei der Erziehung meiner eigenen Kinder sollte mir diese Erfahrung helfen, solche Fehler zu vermeiden.

*

Hausschlachtung mit Onkel Jakob

Einmal im Jahr wurde bei uns geschlachtet. Dann kam Onkel Jakob, der Bruder meiner Mutter, zu uns. Er war von Beruf Metzger. Er wohnte zwar nur 20 Kilometer von uns entfernt, aber sein Aachener Dialekt mit dem typischen Singsang unterschied sich doch wesentlich von unserem Platt. Er musste uns immer wieder einen typischen Aachener Spruch vorsagen. Der hieß so: Jupp, has du de Pitt net jesieh? – He es Pong Pooz erav jejange, Käverlinge fange." Das klang uns fremd und erschien uns doch nachahmenswert. Außerdem konnte er mit den Ohren wackeln, was mich ganz besonders faszinierte. Bei seinen kurz geschnittenen Haaren war deutlich zu sehen, wie seine Ohren sich bewegten. Oft habe ich versucht, ihn dabei zu imitieren, und siehe da, eines Tages konnte ich es auch.

Nach dem Frühstück zog er seine große weiße Schürze und die Gummistiefel an. Ab ging es in den Stall zu den Schweinen, die heute geschlachtet werden sollten. Meine Schwester, meine Cousine und ich liefen hinterher, immer mit der Nase dabei, damit uns bloß nichts entging. Als wir den Stall betraten und die Schweine uns witterten, fingen sie laut an zu grunzen und aufgeregt hin und her zu laufen. Jedes Schwein hatte einen Stall für sich. Nur durch eine etwa einen Meter hohe Mauer waren sie voneinander getrennt. Als mein Onkel den ersten Stall betrat und das schwarz-rosa gefleckte Schwein herausholen wollte, sprang dieses panikartig über die Mauer zu seiner Schwester in den anderen Stall. Wir Kinder standen und lachten lauthals, als wir die erstaunte Miene unseres Onkels sahen. Er kam wieder heraus und versuchte das Schwein nun in dem anderen Stall zu erwischen. Aber Pustekuchen, das Schwein sprang, als käme es aus dem Zirkus, wieder mit einem Satz über die Mauer in den anderen Stall. Es war zu komisch. Wir krümmten uns vor Lachen.

Nach mehreren Sprüngen von Box zu Box wurde das Tier wohl müde und Onkel Jakob etwas wütend. Er erwischte es und zog es an Ohr und Schwanz aus dem Stall bis in den Hof. Das Schwein quiekte fürchterlich, es ahnte wohl, was mit ihm passieren würde. Onkel Jakob klemmte das Tier fest zwischen seine Beine, hielt es an einem Ohr fest, nahm mit der anderen Hand den Schussapparat aus seiner Schürzentasche, hielt ihn mitten auf die Stirn des Tieres und drückte ab. Augenblicklich kippte es um, es war gut getroffen worden. Es lag am Boden und zappelte noch mit den Beinen. „Das sind die Nerven", sagte Onkel Jakob. „Es merkt jetzt nichts mehr." Er zerrte das Vieh nun an den Beinen hoch über eine flache Schüssel und stach mit einem kurzen Messer einmal kräftig zu. Ein Meisterschnitt, die Halsschlagader war getroffen. Das Blut schoss heraus wie ein Strahl und lief in die Schüssel. Darin wurde es so lange mit der Hand gerührt, bis es geronnen war. Später wurde es zu Blutwurst verarbeitet. Der Onkel hob und senkte das obere Vorderbein des Tieres und pumpte so lange, bis fast kein Blut mehr herausfloss.

Nun wurde eine Holzleiter über eine große Zinkwanne gelegt und darauf wurde das Schwein gehoben. Jetzt trugen die Frauen eimerweise heißes Wasser aus dem Haus. Damit wurde das Schwein übergossen. Dann ließen sich die Borstenhaare leichter abschaben. Zuerst schabte Onkel Jakob die Borsten von beiden Seiten ab. Dazu benutzte er ein trichterförmiges Gerät, das fast aussah wie ein großes Eishörnchen aus Metall. Es hatte an der Spitze einen Haken. Mit diesem wurden die hufigen Zehen abgerissen. Als alle Borsten entfernt waren, band er mit Seilen die Hinterbeine des Schweines an den Seiten der Leiter fest. Nun mussten ein paar kräftige Männer her, die die Leiter mit dem toten Tier schräg gegen eine Mauer stellten. Geschafft, da hing es mit dem Kopf nach unten, alle viere von sich gestreckt. Jetzt wetzte der Metzger sein kurzes Messer noch einmal, bevor er den Bauch des Schweines von oben nach unten aufschlitzte. Unten darunter stand die große Wanne, in die die Eingeweide langsam hineinglitten.

Nun bekamen wir Anschauungsunterricht. „Das hier ist der Dickdarm", erklärte Onkel Jakob und zog den langen, blau- grün glänzenden Darm aus der Wanne. Er schnitt ihn von dem übrigen Darm ab, strich ihn mit den Händen aus und legte ihn in eine Schüssel mit Wasser. Es stank fürchterlich. „Das ist der Dünndarm, er ist fast sieben Meter lang. Und das ist der Zwölffingerdarm. Hier seht ihr den Magen, den fressen die Hunde gern. Schaut mal, was glaubt ihr, was das hier ist?", fragte er uns und hielt uns ein rotes Stück glatt geformtes Fleisch hin, etwa so groß wie eine Faust. Zögernd sagte ich: „Ist das etwa das Herz?" – „Ja richtig, das ist das Herz. Genauso eines haben wir Menschen auch. Es pumpt unser Blut dauernd durch unseren Körper, und wenn es aufhört, sind wir tot", erklärte Onkel Jakob. Dann zeigte er uns noch die Leber, aus der er besonders leckere Leberwurst machen konnte, und die Nieren. Wir Kinder wichen nicht von seiner Seite. Es war zu interessant, was es da zu sehen gab. Nur manchmal, wenn es besonders stank, kam ein leises „Ih" oder „Bah" über unsere Lippen, aber nicht so laut, denn wir hätten sonst befürchtet, dass wir weggeschickt würden.

Schließlich schenkte unser Onkel uns die Blase des Schweins. Sie sah aus wie ein rosa-gelber Luftballon. „Geht und wascht sie gründlich unterm Wasserhahn. Dann bringt ihr sie mir zurück, und wir blasen sie auf." Wir fassten das glitschige Ding nur mit zwei Fingern an. Nachdem wir es gründlich gewaschen hatten, war unsere Scheu verschwunden, und einer nach dem anderen nahm die Blase in die Hand. Unter lautem Gekicher liefen wir wieder zu unserem Onkel. Er führte einen Strohhalm in die Blasenöffnung und pustete kräftig hinein. Wir staunten nicht schlecht, denn die Blase wurde immer dicker und dicker, bis sie so groß war wie ein Fussball. Das war ein riesiger Spaß. „Nun müsst ihr sie zum Trocknen aufhängen, dann könnt ihr morgen damit spielen", rief uns Onkel Jakob nach. Gesagt, getan.

Die Schweineblase wurde im Schuppen aufgehängt, und damit war für uns Kinder der erste Schlachttag vorbei.

*

Mein Dackel Waldi

Zu dieser Zeit hatten wir auch einen kleinen Dackel. Er war sehr lieb und ich spielte viel lieber mit ihm als mit meinen Puppen. Er war halt lebendig. Er konnte zwar nicht sprechen, aber er schaute mich immer so treu an und wir verstanden uns gut. Ich wusste genau, was ich mit ihm anstellen konnte und was nicht. Zum Beispiel mochte er es, wenn ich ihn in meinen schönen Korbpuppenwagen setzte und ihn über den Hof spazieren fuhr. Auch die Leckerbissen, die er während des Spielens von mir bekam, mögen ihn bewogen haben, still in meinem Puppenwagen sitzen zu bleiben. Auf jeden Fall war ich stolz auf meine lebendige Puppe in meinem Puppenwagen. Leider wurde mein Freund Waldi krank, er hatte Dackellähme. Er quälte sich furchtbar und konnte kaum noch laufen. Als ich am zweiten Tag des Schlachtfestes auf den Hof kam, sagte man mir, dass Onkel Jakob den Waldi habe sterben lassen. Das war im ersten Augenblick ein furchtbarer Schock für mich, und ich fing an zu weinen. Mein Vater kam hinzu und tröstete mich: „Schau mal, Liebchen, Waldi war so krank, er wäre nie mehr gesund geworden, und er hatte bestimmt große Schmerzen. Da war es besser, dass Onkel Jakob ihn erlöst hat." Das sah ich auch allmählich ein und hörte auf zu weinen.

„Wo ist Waldi jetzt?", wollte ich wissen. Aber ich bekam ihn nicht mehr zu sehen. „Onkel Jakob hat ihn gleich mitgenommen", antwortete mein Vater. „Wie hat er es denn gemacht?", fragte ich. „Er hat nichts gemerkt, Onkel Jakob hat ihn mit einem Schlag getötet", entgegnete mein Vater. „Sieh nur, da ist noch etwas Blut an den Steinen." Tatsächlich, da auf den roten Pflastersteinen am Schuppen lag noch Blut. Es war ganz dunkelrot und viel dicker als das von den Schweinen. Es musste das Blut von Waldi sein. Wir holten einen Eimer Wasser und gossen es über die Blutlache. Damit verschwand auch bald meine Trauer über den Tod meines Spielgefährten

Die Worte meines Vaters wurden bald zu meinen Worten, wenn mich jemand nach Waldi fragte. „Er konnte ja nicht mehr gesund werden, es war besser so. Da brauchte er nicht mehr zu leiden."

**Hier fahre ich unseren Dackel Waldi in meinem Puppenwagen
spazieren im roten Wollkleid mit Stickerei verziert**

Das Schlachtfest war noch nicht zu Ende. Am nächsten Tag wurde das Schwein noch gestückert, das heißt in Teile zerlegt. Das eine Stück Fleisch eignete sich zum Braten, das andere kam in die Wurst. Die Schinken wurden geräuchert und die Speckseiten wurden gepökelt. Dazu wurden sie dick mit Salz eingerieben und in eine große Holztonne, die einem Weinfass ähnlich war, im Keller eingelegt. Zum Schluss wurde das Pökelfleisch noch mal mit Salzwasser bedeckt. Wir besaßen ja noch kein Kühlhaus, und so wurde jedes Teil des Tieres haltbar gemacht.

*

Unser Hausmädchen Frieda

Ich war immer sehr zierlich, um nicht zu sagen dünn, hatte blondes Haar und war immer blass. Gegessen habe ich nicht viel und schon gar nicht ohne gutes Zureden. Zu der Zeit hatten wir ein Hausmädchen mit Namen Frieda. Sie war sehr lieb und ich konnte sie gut leiden. Mittags, wenn ich nicht essen wollte, nahm sie mich samt Teller mit hinaus auf die Veranda. Dort setzte sie sich auf eine lange Holzbank an einen ebenso langen Tisch und nahm mich auf den Schoß. Sie konnte herrliche Märchen und Geschichten erzählen. Davon war ich so begeistert, dass ich ganz automatisch den Mund öffnete, wenn wieder ein voller Löffel kam. Zum Schluss war der Teller leer und wir beide zufrieden. Wenn es einmal ganz schlimm war und ich trotz Märchen nicht den Mund öffnen wollte, holte Frieda ein Glas aus der Küche, fing am großen Fenster ein paar Fliegen und setzte sie unter das Glas. Das fand ich ganz toll. Mit meinen kleinen Fingerchen fuhr ich von außen über das Glas, immer da, wo innen eine Fliege hochkroch. Das fand ich komisch. Die Fliege war an der gleichen Stelle wie mein Finger, aber wir berührten uns nicht. Einmal kam Frieda etwas zu spät, als ich wieder einmal nicht essen wollte. Meine Mutter hatte mir schon den Po versohlt und mich in den Keller gesperrt. Es war ein Gewölbekeller ohne Fenster. Dort stand auch die große Tonne mit dem gepökelten Schweinefleisch. Auf einem langen, schmalen Tisch an der Wand lagen viele große halbrunde Vollkornbrote, die dort gelagert wurden, weil sie sich in dem kühlen, feuchten Keller gut frisch hielten. Ich schrie aus Leibeskräften und klopfte gegen die Kellertüre. Angst hatte ich keine, aber sehr wütend war ich. Nach einer ganzen Weile, mein Gesicht war überströmt mit Tränen, da drehte sich der Schlüssel im Schloss und Frieda stand mit einem Teller Essen in der Türe. Sie nahm mich bei der Hand, ging mit mir die Kellertreppe hinunter, setzte sich an den Tisch mit den Vollkornbroten und nahm mich auf den Schoß. Sie wischte mir die Tränen ab und tröstete mich mit den Worten: „Es ist ja wieder gut! Essen musst du, damit du groß und stark wirst, sonst schubsen dich die anderen Kinder ganz leicht um, und dann liegst du auf der Nase." Sie erzählte mir wieder eine ihrer wunderbaren Geschichten. Bald war der Teller leer. Danach verließen wir beide zufrieden den Keller. Frieda ist schon lange tot, sie ist an Krebs gestorben.

*

Unsere Kuh bekommt ein Kälbchen

In unserem Stall, den wir über den gepflasterten Innenhof erreichten, hielten wir nicht nur Schweine, sondern auch Kaninchen und zwei bis drei Kühe. Eine der Kühe war tragend, das heißt, sie bekam ein Kälbchen. Wenn sie gemolken wurde, legte ich oft die Hand auf ihren Bauch. Dann konnte ich ganz deutlich fühlen, wie das Kälbchen sich im Mutterleib bewegte. Mein Vater hatte mir erzählt, dass die Kälbchen sich beim Melken der Kuh besonders oft bewegen. Es war ein merkwürdiges Gefühl, das weiche, warme Fell der Kuh und dann ganz nahe darunter ein Rumoren, manchmal beinahe ein Klopfen und Stoßen zu spüren, sodass der Bauch der Kuh sich eigenartig verformte.

An dem Tag, als die Kuh ihr Kälbchen zur Welt bringen sollte, durfte ich den Stall nicht betreten. „Das ist nichts für kleine Mädchen", sagten meine Eltern. Ich folgte nur widerwillig. Dauernd schlich ich auf dem Hof herum und behielt die Stalltüre immer im Auge. Mein Großonkel Hubert aus der Mühle kannte sich mit Kühen gut aus, und so war er als Geburtshelfer bestellt. Er wohnte zirka 200 Meter entfernt in einer ehemaligen Mühle und war der Bruder meiner Großmutter. Jede halbe Stunde kam er, auf seinen Stock gestützt, die Pfeife im Mund, klein und gebückt, mit einer Kappe auf dem Kopf und sah nach der Kuh. Er öffnete die Stalltüre, die in eine obere und eine untere Hälfte geteilt war. Die obere Türe ließ er offen, wenn er den Stall betrat, aber den unteren Teil verschloss er mit einem Riegel, damit ich nicht hinterherlaufen konnte. Das war alles sehr geheimnisvoll. Meine Neugierde ließ mir keine Ruhe, und so griff ich mit meinen kleinen Händen auf die untere Stalltüre und sprang hoch, sodass ich für einen Augenblick sehen konnte, wie Onkel Hubert die Kuh untersuchte. Er strich ihr über den Bauch und sprach ganz beruhigend auf das Tier ein. Zuletzt hob er den Schwanz hoch. Dann berichtete er meinen Eltern: „Es ist noch nicht so weit, es kann noch etwas dauern." Dann verschwand Onkel Hubert wieder durch das schmale Gässchen, das im Sommer von Sträuchern und Brennnesseln fast zugewachsen war. Während seiner Abwesenheit fühlte ich mich für die Kuh verantwortlich. Dauernd hing ich an der Stalltüre, um nachzusehen, ob sich etwas bewegte. Ich hatte zwar keine Ahnung, was in Kürze passieren könnte, aber das war mir egal, das würde ich schon sehen. Einige Zeit später, als ich mich wieder mit voller Kraft an der Stalltüre hochgezogen hatte, traute ich meinen Augen nicht. Aus dem Hinterteil der Kuh hing eine lange, gräulich glänzende Blase heraus.

Blitzartig schoss es durch meinen kleinen Kopf: Die Kuh fängt an zu kalben. So schnell ich konnte, rannte ich ins Haus und schrie lauthals, als ginge es um Leben und Tod: „Die Kuh fängt an zu kalben, die Kuh fängt an zu kalben." Als mein Vater mich schreien hörte, hielt er eine Sekunde inne und fragte: „Woher willst du das wissen?" − „Ich habe es gesehen, eine lange Blase hängt aus ihrem Hintern, das sieht aus, als ob da die Vorderbeine darin wären, und die Kuh benimmt sich so seltsam", erwiderte ich furchtbar aufgeregt und zog ihn in Richtung Stall. „Hol du schnell Onkel Hubert!", befahl mein Vater. Ich rannte hurtig das schmale Gässchen zur Mühle hinunter. So schnell es ging, humpelte der kleine Mann bergauf zum Stall. Er schloss hinter sich die Stalltüre. Denn was jetzt geschah, war ja nichts für kleine Kinder.

Nach einiger Zeit, für mich war es eine Ewigkeit, war das Kälbchen geboren, und ich durfte wieder in den Stall. Die Kuh stand und fraß, als wäre nichts gewesen. In der Ecke auf einem großen Haufen Stroh lag das kleine schwarz-weiße Kälbchen. Es war so süß. Ich hockte mich zu ihm und streichelte sein samtweiches Fell, das noch nicht ganz trocken war. Mein Großonkel zeigte mir, wie man es mit Stroh trocken reiben kann. Ich saß noch lange bei dem neu geborenen, hilflosen Wesen und streichelte sein gekräuseltes Fell. Es war so schön, schöner als das teuerste Spielzeug. Ich habe immer lieber mit Tieren gespielt als mit Puppen.

*

Rund um den Birnbaum

Auch selbst gemauert habe ich. Dazu habe ich Sand und Erde mit Wasser vermischt. Für mich war das Mörtel, mit dem ich Steine, die auf dem Hof herumlagen, aufeinander schichtete. Mein Haus entstand. Es war zwar nur zwei Ziegelsteine hoch, hatte ein Loch an der einen Seite, das war die Türe, und eine weitere Öffnung etwas höher an der anderen Seite, das war das Fenster. Ein großer Stein bildete das Dach.

Mein kleines Haus hatte ich unter einem Birnbaum gebaut, der die leckersten Früchte trug. Wenn die Birnen für meine Begriffe groß genug waren, kletterte ich auf den Baum, um mir einige zu pflücken. Das hatte mein Vater mir aber verboten; denn er sagte: „Die Birnen sind noch zu grün. Erst wenn sie etwas gelb an einer Seite und die Kerne im Inneren ganz dunkelbraun geworden sind, dann sind sie reif." Aber so lange wollte ich nicht warten. Zudem schmeckten mir halb reife Früchte viel besser. Sie waren schön hart und noch nicht so süß. Nur meine Eltern meinten: „Von unreifem Obst bekommst du Bauchschmerzen und wirst krank." Das konnte ich nicht glauben. Ich stand unter dem Baum und sah ganz oben schon dicke, leckere, für meine Augen reife Früchte hängen. Lauernd blickte ich zum Backstubenfenster hin, von wo aus mein Vater mich hätte sehen können. Die Backstube war dunkel, und ich glaubte, niemand würde mich beobachten. Es war nicht ganz einfach, aber mit aller Kraft zog ich mich an den unteren, dicken Ästen hoch und kletterte hinauf in den Baum. Ich musste aufpassen, dass ich mit meinem Rock nirgends hängen blieb, denn lange Hosen gab es für Mädchen noch nicht. Hier und da schrammten die Äste an meinen Armen und Beinen die Haut etwas auf, aber das war egal. Ich musste die Birnen hoch oben im Baum erreichen, die mich magisch anzogen. Kaum hatte ich die ersten Früchte gepflückt, sah ich meinen Vater aus der Backstube stürmen. Oje, er hatte auch noch seinen langen Brotschieber in der Hand und brüllte aus Leibeskräften: „Kommst du wohl da herunter! Hab ich dir nicht verboten, da hochzuklettern? Die Birnen sind noch viel zu grün!" Er schob den Schieber drohend zwischen die Äste und versuchte, mich damit zu erwischen. Ich bekam fürchterliche Angst und kletterte, so schnell ich konnte, von dem Baum herunter. Aus war der Traum von den leckeren Birnen, und für diesen Tag war Stubenarrest angesagt.

*

Onkel Heinrich aus Köln

Vor dem Garten, der an einen großen Hof grenzte, stand ein anderer uralter, riesig hoher Birnbaum, der viel höher war als unser Kuhstall. Der hing im Herbst immer voller kleiner Birnen. Sie waren zuckersüß. Ein Bruder meines

Opas, Onkel Heinrich aus Köln, war zu dieser Zeit bei meinen Großeltern zu Besuch. Er war ein großer, stattlicher Mann, hatte leicht graues Haar und trug eine Brille. Er war immer sehr korrekt gekleidet. Unter seinem Anzug trug er eine Weste, an der eine Uhrkette baumelte. Wenn er seine goldene Taschenuhr herausholte, um nachzusehen, wie viel Uhr es war, drückte er auf einen Knopf am oberen Ende der Uhr, und schon sprang der Deckel auf. Er warf einen Blick auf seine wunderschön glänzende Uhr, klappte den Deckel wieder zu und steckte sie in die kleine Seitentasche seiner Weste. Onkel Heinrich hatte eine Vorliebe für die kleinen Zuckerbirnchen. Da der Baum so hoch war, dass man ohne Leiter nicht an die Früchte herankam, hob er abgefallene Birnen vom Boden auf, nahm sein Taschenmesser und schälte für uns Kinder die Birnen, schnitt das Gehäuse, manchmal auch das Wurmstichige, heraus und reichte uns mit einem freundlichen Lächeln die geschälten Früchte.

Wir Kinder mochten Onkel Heinrich sehr, obwohl er uns immer etwas fremd war. Wir sahen ihn ja auch selten, und er war halt ein Stadtmensch.

*

Vier Wilddiebe

Von ähnlicher Statur wie Onkel Heinrich, nur etwas kleiner, war unser Opa Leonhard. Er hatte einen rundlichen Bauch und einen kleinen Schnurrbart. Er ging oft mit Leo, meinem kleinen Vetter, Mia, meiner Cousine von nebenan, und mir spazieren. Wir gingen vorbei an weiten Feldern über eine Brücke, die über den Merzbach führte, bis zum nächsten kleinen Dorf, Obermerz. Bevor man den Ort, der nur aus ein paar Häusern bestand, erreichte, ging man durch eine Gracht, die rechts und links von hohen Sträuchern und Bäumen fast zugewachsen war. Im Winter, wenn es stark geschneit hatte, war die Gracht oft vom Schnee zugeweht, und Obermerz war von der Umwelt abgeschlossen. Im Frühjahr aber gruben wilde Kaninchen und Füchse zahlreiche Löcher in die hohen Lehmwände. In den tiefen Gängen hatten sie ihren Bau eingerichtet, der jeweils mehrere Ausgänge hatte. Opa Leonhard erzählte uns, dass er früher oft Schlingen vor den Löchern befestigt habe, mit denen er so manches Kaninchen gefangen habe.

Sofort waren wir Feuer und Flamme und wollten das auch einmal versuchen. Wir eilten nach Hause und Opa musste uns zeigen, wie er aus einem langen Draht eine Schlinge legen konnte. Dann eilten wir zurück zur Gracht. Wir kamen uns vor wie alte Wilddiebe und waren ganz aufgeregt, als Opa erzählte, dass unser Vorhaben doch wohl nicht ganz ungefährlich sei; denn wenn ein Wildhüter oder Jäger uns erwischen würde, könnten wir hart bestraft werden. Aber das war uns egal. Was Opa früher riskiert hatte, scheuten wir auch heute nicht. Gesagt, getan. Opa befestigte vor einigen Löchern, die frisch ausgescharrt und höchstwahrscheinlich bewohnt waren, die Drahtschlingen.

Am nächsten Morgen waren wir früh auf den Beinen. Leo, Mia, Opa und ich malten uns unterwegs zu der Gracht aus, wie viele Kaninchen uns wohl in die Schlinge gegangen wären. Wir Kinder liefen so schnell, dass Opa kaum mithalten konnte. Ganz außer Atem kamen wir an unserem Tatort an. Die Enttäuschung war groß, kein einziges Kaninchen hatte sich in unseren Schlingen verfangen. „Ja", sagte unser Opa, „es ist nicht so einfach. Vielleicht habe ich die Schlingen nicht richtig gelegt. Es ist schon so lange her, als ich es das letzte Mal gemacht habe. Und die Tiere sind schlau. Wenn sie an unserer Schlinge Menschengeruch wittern, laufen sie zurück und benutzen einen anderen Ausgang."

Damit war unser Vorhaben gescheitert, denn so viel Geduld, noch einmal Schlingen zu legen und wieder abzuwarten, hatten wir nicht. Aber unser Opa zeigte uns noch etwas anderes sehr Aufregendes. Er zeigte uns, wie man Maulwürfe fängt.

*

Maulwurfsjagd

Lange Zeit später, Opa war schon gestorben, wühlte ein Maulwurf in unserem Garten. Mein Vater war sehr ungehalten darüber. Er sorgte sich um seinen schönen Fliederbaum. Ich machte ihm einen Vorschlag: „Gibst du mir zwei Mark, wenn ich den Maulwurf fange?" Er war einverstanden, aber an seinem Gesicht konnte ich ablesen, dass er mir diesen Fang nicht zutraute. „Ich werd's ihm schon beweisen", dachte ich. Denn am nächsten Sonntag war Dorfkirmes. Und da konnte ich das Geld gut brauchen; denn ich fuhr zu gerne Karussell und Schiffschaukel.

Am späten Freitagnachmittag, so gegen halb sechs, ging ich mit einem blitzblanken Spaten, begleitet von Mia und Leo, in den Garten. Ich erinnerte mich genau an alles, was mir Opa beigebracht hatte. Der Maulwurf hebt jeden Abend und jeden Morgen die Erde. Die kleinen Erdhaufen, die er morgens angehoben hat, hebt er abends zu einem großen Haufen an. Anhand der Maulwurfshaufen, die in einer gewissen Reihenfolge hintereinander liegen, kann man den Verlauf des unterirdischen Ganges verfolgen. Meistens ist der letzte Haufen in der Reihe klein. Und diesen Haufen muss man genau beobachten, denn den hebt er mit Gewissheit am Abend weiter an, weil er den Gang hier verlängert.

Behutsam schlichen wir zum kleinen Erdhügel. „Leise, leise", sagte ich, „sonst hört uns der Maulwurf." Noch etwas hatte Opa mich gelehrt: „Stell dich so hin, dass dir der Wind ins Gesicht bläst, sonst wittert dich das Tier." Die Spannung wuchs. Mit beiden Händen umklammerte ich fest den Stiel des Spatens und hielt ihn senkrecht über den kleinen Erdhaufen. Wir waren mucksmäuschenstill und standen steif wie Statuen, denn ein Herumtrampeln hätte den Maulwurf verjagt. Da, plötzlich, ich konnte es kaum glauben, bewegte sich der Erdhaufen. Mit voller Kraft stieß ich den Spaten quer zum Gang in die Erde, wartete ein paar Sekunden und hob dann das Erdreich mit dem Spaten aus. Aber nichts, der Maulwurf war entkommen.

Was nun? Die zwei Mark Belohnung und die anstehende Kirmes lockten. So suchten wir uns einen anderen kleinen Erdhügel aus und postierten uns wieder genauso wie beim ersten Mal. Diesmal musste es doch klappen.

Tatsächlich, es dauerte nicht lange, und die Erde hob sich wieder. Ich nahm all meine Kraft und meinen Mut zusammen und rammte den Spaten tief in die Erde. Mit dem Fuß stieß ich noch einmal nach und warf den Haufen aus. Wir trauten unseren Augen nicht, ich hatte ihn erwischt. Oben auf der Gartenerde lag der kleine tote Maulwurf. Er hatte ein Vorderfüßchen verloren, das ich ihm wohl beim ersten Versuch abgestochen hatte. Etwas ängstlich schob ich das kleine Tier mit dem schwarzbraun glänzenden Fell, seinen kleinen Pfötchen und dem kurzen Schwanz mit dem Fuß auf den Spaten. Gefolgt von Mia und Leo eilte ich in den Hof zum Backstubenfenster. Den Spaten mit dem toten Maulwurf darauf hielt ich fest umklammert und trug ihn stolz vor mir her. Mein Vater und die anderen aus der Backstube hatten längst unser Geschrei und Gekreische gehört. Alle standen sie am Fenster und staunten und lachten über unseren Erfolg. „Da hast du ihn", rief ich meinem Vater voll Freude zu und hielt den Spaten mit dem Maulwurf in die Höhe. Ich bekam die versprochenen zwei Mark und mein Kirmesvergnügen war gesichert.

*

Mein Opa, der Künstler

Im November, kurz vor Sankt Martin, mussten viele Weckmänner für alle Kinder des Dorfes gebacken werden. Sankt Martin verteilte sie dann nach dem Martins-Umzug persönlich an die Kinder. Mein Großvater, Opa Leonhard, war ein echter Künstler bei der Fertigung von Teigfiguren. Seine Weckmänner hatten nicht nur eine Tonpfeife und Augen, Mund und Knöpfe aus Rosinen, nein, sie hatten auch einen Hut und Stiefel. Für den Hut kniff er an beiden Seiten des Kopfes ein wenig Teig zusammen, und für die Stiefel

Meine große Schwester Ingrid, meine jüngere
Schwester Gertrud im Korbwagen und ich

schnitt er in der Mitte der Beine den Teig außen ein wenig ein, bog die Fuß-
spitze nach außen um und machte noch einen kleinen Schnitt für den Ab-
satz. Auch Pferde mit Reitern und Gänse formte er aus Hefeteig. Dabei trug
er immer eine Pfeife im Mund, die aber gar nicht oder nur selten rauchte.
Für meine Schwester Ingrid und mich formte er einmal, wie er es nannte, ein
Jagdmotiv. Als das große Backblech aus dem Ofen gezogen wurde, blieb uns
vor Staunen der Mund offen stehen. Vor uns sahen wir einen riesengroßen
Tannenbaum, bestimmt einen Meter lang, mit Vögeln in den Zweigen, und
unten neben dem Baumstamm im Gras standen zwei Jäger, das Gewehr
in den Baum gerichtet. Alles war aus süßem Hefeteig geformt. Es war das
tollste Kunstwerk, das ich je gesehen hatte, und es gehörte nur uns. Opa
lachte, freute sich und war zufrieden, weil es uns so gut gefiel.

*

Backen für Kirmes

In der Backstube gab es vor Kirmes reichlich zu tun. Die meisten Hausfrauen mengten ihren Hefeteig selbst und brachten ihn in großen Schüsseln oder Wannen zu uns. Wir mussten daraus Fläden herstellen. Das Obst lieferten sie auch gleich mit. Entweder war es schon angedickt oder meine Mutter musste es noch aufkochen. An jedem Glas und an jeder Schüssel stand der Name des Kunden. Auch an jedem fertigen Fladen mussten die Namen stehen, damit auch jeder seinen Fladen von seinem Hefeteig und mit seinem Obst und auch sein Geschirr wieder zurückbekam. Das war eine Arbeit, die heute nicht mehr zu bezahlen wäre. Aber damals war der Arbeitslohn so gering, und die meisten Leute waren so arm, dass sie sich keinen fertigen Fladen vom Bäcker kaufen konnten. So zahlten sie nur einen Backlohn an den Bäcker. Mein Vater hat diese Arbeit oft verflucht. „Dieser Mistkompott ist viel zu weich, das ist ja wie Suppe", hörte man ihn brüllen. „Da läuft mir die ganze Brühe wieder durch den Ofen." Das war tatsächlich eine Schweinerei, wenn das Obst über den Rand der Bleche in den Ofen kochte. Beim Herausholen klebte der Schieber und musste dauernd abgewischt werden, damit man die nächsten Bleche reibungslos aus dem Ofen ziehen konnte. Auch die Herdflächen mussten nach jedem Backen wieder ausgekratzt und ausgewaschen werden. Das machte meinen Vater nervös. Dann konnte er wegen einer Kleinigkeit aufbrüllen. Wir Kinder mieden dann besser die Backstube und den Aufenthalt in Vaters Nähe.

Sein Ärger war ja auch verständlich. Das nächste Brot oder die nächsten Fläden standen schon in voller Gare auf dem Tisch, und nur durch den unnötigen Aufenthalt mit Ofensäubern ging es nicht voran. Oft schimpfte er mit den Frauen, die in der Backstube arbeiteten, obwohl sie gar nichts dafür konnten. Manchmal gab es auch Tränen, aber am Abend, wenn die meiste Arbeit getan war, löste sich die gespannte Atmosphäre wieder.

Vor Feiertagen und an Kirmes wurde oft Tag und Nacht durchgearbeitet mit höchstens zwei bis drei Stunden Schlaf für jeden. Für jede Hilfe war man dankbar. Auch Opa Leonhard half an solchen Tagen mit. Er stand an seinem Stammplatz am großen Fenster in der Backstube am Ende des langen Holztisches. In aller Seelenruhe und mit großer Geschicklichkeit rollte er einen Fladen nach dem anderen aus. Er benutzte dazu sein eigenes, etwas kleineres Rollholz, das noch heute mein schönstes Andenken an Opa ist. Neben ihm durfte ich, auf einer Kiste stehend, mit ausrollen. Ich bekam auch ein kleines Rollholz. Genau schaute ich zu, wie Opa zuerst den rund geformten Teig mit der Hand flach klopfte, bevor er anfing auszurollen.

„Du musst immer ein wenig Mehl auf den Tisch streuen, bevor du anfängst, aber nicht zu viel, sonst rutscht der Teig beim Rollen weg. Aber auch nicht zu wenig, sonst klebt er dir am Tisch und am Rollholz fest", erklärte er mir. Ein paarmal rollte er hin und her, hob das schon etwas runde Teigstück hoch, verteilte mit der Hand das Mehl, das noch auf dem Tisch lag, und rollte weiter, bis der Teig groß und dünn genug war für das runde Fladenpfännchen von ungefähr 30 Zentimeter Durchmesser. Wie Opa dann den ausgerollten Teig in die rechte Hand nahm und ihn so geschickt in die Form warf, dass er den Teig fast nicht mehr zurechtrücken musste, das machte ihm so schnell keiner nach. Ich habe es oft versucht, aber es gelang mir nie, obwohl mein Fladen einen kleineren Durchmesser hatte.

Bis ein Teig an der Reihe war, der beinahe so fest wie Pappe war. „Der es van Körvich Papa us Overmerz", sagte mein Vater. Den Teig konnten wir als letzten verarbeiten, denn der ging überhaupt nicht auf, war viel zu fest und hatte auf der Oberfläche Risse wie eine Elefantenhaut. Mit diesem Teig gelang es mir tatsächlich, Opas Kunststück nachzumachen. Wir lachten alle herzlich vor Freude.

Körvers und auch noch einige andere Kunden brachten ihren Teig in einem Kissenbezug. Wenn er nicht gleich verarbeitet werden konnte und noch lange liegen blieb, sahen die Kissenbezüge aus wie ein aufgeblasener Balg, der gleich platzen würde.

Die Hausfrauen wussten ganz genau, wie viele Fläden aus ihrem Teig hergestellt werden konnten. Wehe, es gab mal eine „Taat" weniger, weil das

Obst nicht gereicht hatte! Dann war der Teufel los und man kam auch noch in Verdacht, etwas unterschlagen zu haben. Gott sei Dank waren solche Diskussionen selten. Mein Vater kannte seine Kunden gut und er riet solchen Leuten dann oft, beim nächsten Mal ihre Fläden doch selbst zu backen.

Früher, als Opa Leonhard noch das Sagen hatte, stand die Hausfrau in der Backstube dabei, bis ihr Teig verarbeitet war. Entweder wollte sie ein Schwätzchen halten oder sich vom Bäcker einige Tricks abzuschauen, oder sie misstraute dem Bäcker. Der hätte ja fremden Kompott auf ihren Teig streichen können. Diese Unsitte hat mein Vater schnell abgeschafft, denn die Leute standen einem ja im Wege und hielten die Bäcker von der Arbeit ab.

Zum Abkühlen wurden die fertig gebackenen Fläden, alle mit Namensschildern versehen, in unserer Veranda dicht nebeneinander auf den Fußboden gelegt. Den ganzen Fußboden legte meine Mutter vorher mit Leinenbetttüchern aus. Zwischen den einzelnen Laken ließ sie etwas Platz zum Gehen. War die erste Lage ausgefüllt, so kam die zweite Lage darauf, sonst hätten wir nicht genug Platz gehabt, um die vielen hundert Fläden zu lagern, bevor sie am nächsten Tag ins Auto geladen und zu den Kunden gefahren wurden. Samstags abends gegen 21 Uhr war auch der letzte Fladen ausgeliefert. Danach war die gesamte Mannschaft erschöpft und brauchte den halben Sonntag, um wieder neue Kräfte zu sammeln.

*

Von Oma und Opa kann man viel lernen

An zwei Dinge kann ich mich auch noch gut erinnern, die mein Opa mir gezeigt hat: Hühner schlachten und Kaninchen abziehen. Er aß sehr gerne gut, das sah man an seiner Figur. Seine Devise war: In eine leckere Hühnersuppe mit Grießmehlbällchen gehört nun mal ein Suppenhuhn. Im Hühnerstall suchte er sich ein älteres Huhn aus, trieb es in eine Ecke und schnappte es mit beiden Händen. Er trug es in den Hof zu dem Holzklotz, in dem ein scharf gewetztes Beil steckte. Nun packte er das Huhn bei den Füßen und schwenkte es im großen Kreis hoch über seinem Kopf. Das tat er vielleicht zehnmal, bis das Huhn betäubt seinen Kopf baumeln ließ. „Jetzt merkt es nichts mehr", sagte er, „und es hält ganz still." Er legte das betäubte Tier mit dem Kopf auf den Holzklotz und schlug mit einem kräftigen Beilhieb den Kopf ab. Das Blut schoss heraus Dann hielt er es nach unten und weit von sich weg, damit er nicht mit Blut bespritzt wurde. Einmal, weiß ich noch, ließ er es zu früh los und es torkelte kopflos einige Meter über den Hof. Wir staunten und konnten es nicht fassen, wie ein Huhn ohne Kopf sich noch fortbewegen konnte. Opa erklärte uns: „Das sind die Nerven, darum zappelt es noch einige Zeit, genau wie andere Tiere auch, die man gerade geschlachtet hat." Nach dem Rupfen der Federn schnitt er dem Huhn die Füße ab, suchte im Schnitt die Fußsehne und zog kräftig daran, sodass sich die Zehen bewegten, als wollten sie laufen. Das fanden wir toll und versuchten es auch. Es war ganz einfach. Als wir den Trick heraushatten, liefen wir, jeder mit einem Hühnerfuß in der Hand und kräftig ziehend, ins Haus zu Oma, um sie zu erschrecken und ihr unser Kunststück zu zeigen. „Bah, ihr Ferkels", rief sie entsetzt, „das hat Opa euch wieder beigebracht." Wir lachten vor Freude und hatten unseren Spaß.

Im Herbst, wenn die Kaninchen im Stall groß genug waren, machte Opa Leonhard sich an die Arbeit, um einige zu schlachten. Ich mit meiner neugierigen, vorwitzigen Nase musste natürlich dabei sein. In einer Ecke in unserem Kuhstall standen die Kaninchenkäfige. Es waren viereckige aus Brettern zusammen gezimmerte Kästen, die an der Vorderseite mit einem Drahttürchen verschlossen waren. Durch den Draht steckten wir Kinder oft eine Möhre oder Kohlblätter und schauten zu, wie die Kaninchen das Futter in den Käfig zogen und ohne Unterbrechung hintereinander wegfraßen. Das rasche Kauen der Tiere nannten wir mümmeln. Deshalb waren die Kaninchen unsere Mümmelmänner.

Bevor Opa ein Kaninchen aus dem Käfig holte, stellte er die alte Holzleiter schräg gegen die Stallmauer, hängte zwei Fleischerhaken daran und wetzte noch einmal das Messer, das er mitgebracht hatte. Beinahe hätte ich den dicken, kurzen Stock vergessen, den er brauchte, um dem Kaninchen „eins hinter die Löffel" zu geben, wie er sagte. Nun war alles bereit. Er schnappte ein Kaninchen bei den Hinterläufen, zog es aus dem Käfig und ließ es mit dem Kopf nach unten baumeln. Zwar quietschte das Tier fürchterlich, aber nur kurz, denn sobald es eine Sekunde stillhielt, holte Opa mit dem Knüppel aus und traf das Kaninchen direkt hinter den Ohren. Auf der Stelle war es tot. Ein paar Minuten ließ er es noch auf dem Boden liegen, um gewiss zu

Opa Leonhard Bremen mit Oma Josefine
und ihrem Sohn Franz, meinem Vater

sein, dass es wirklich tot war. Wenn es sich nicht mehr bewegte, hängte er es mit den beiden Hinterläufen in die Fleischerhaken, mit dem Bauch zu sich gewandt. Mit dem scharfen Küchenmesser ritzte er das Fell unterhalb der Hinterpfoten rundherum ein, machte noch einen Schnitt von dem einen Bein herüber zum anderen, trennte und zog jetzt langsam und vorsichtig das Fell des Kaninchens herunter bis zum Kopf. Jetzt musste er nur noch die Ohren abtrennen, und schon konnte er das Fell ganz abziehen. Daher stammt wohl der Ausdruck „jemandem das Fell über die Ohren ziehen".

Nun musste Opa das Tier noch ausnehmen. Mit einem langen Schnitt von oben nach unten schlitzte er den Bauch auf und die Eingeweide kamen zum Vorschein: Magen, Därme, Leber mit Galle, Nieren, Herz und Lunge. Opa holte alles sorgfältig heraus. An der Färbung der Organe erkannte er, ob das Tier krank war. Dann hätten wir es nicht essen können. Die Leber nahm er mit in die Küche zum Braten, die anderen Innereien warf er auf den Misthaufen im Hof. Den Kuhstall verschloss Opa nun sorgfältig und vergewisserte sich, dass keine Katze im Stall herumschlich. Dann wäre nämlich aller Arbeitsaufwand umsonst gewesen. Einige Stunden später holte er das Kaninchen in die Küche, damit Oma es in eine süßsaure Essigmarinade einlegen konnte. Vier bis fünf Tage später bereitete sie dann einen köstlichen Sauerbraten mit Kartoffeln und Apfelkompott. Sie machte das leckerste Apfelkompott, das ich je gegessen habe. Sie kochte unter die Äpfel immer ein paar Birnen, passierte alles durch ein grobes Sieb und gab zum Schluss noch etwas Vanillezucker hinzu. Das schmeckte köstlich.

*

Oma macht sich schön

Oma Josefine, die Mutter meines Vaters, war meine Patin. Daher erhielt ich auch meinen Vornamen, denn es war so üblich, dass die Patenkinder nach ihren Paten benannt wurden. Sie war eine sehr gut aussehende, große, schlanke Frau mit grauen Haaren. Sie sah immer sehr gepflegt aus, beinahe etwas vornehm, und war immer sehr beherrscht Wenn sie morgens vor dem großen Spiegel in der Küche stand und sich frisierte, schaute ich ihr gerne zu. Sorgfältig bürstete sie ihr langes Haar. Dann trennte sie schmale Strähnen davon ab, kämmte sie hoch, schlug die langen Spitzen nach innen, bis die Strähnen nur noch ca. zehn Zentimeter lang waren und bis zum Hinterkopf reichten, wo sie dann mit einer Haarnadel festgesteckt wurden. So verschwand eine Strähne nach der anderen, bis man von dem langen Haar nichts mehr sah. Es war schon fast ein kleines Kunstwerk, das sie vollbrachte. Aber die Mühe hatte sich gelohnt. Zum Schluss zog sie noch ein hauchdünnes Haarnetz über, damit die Frisur auch den ganzen Tag hielt. Wir fragten sie einmal, warum sie ihr Haar nicht flechten und im Nacken zu einem Knoten legen würde, wie so viele Frauen. Sie entgegnete: „Das ist etwas für ganz alte Frauen, oder findet ihr meine Frisur nicht schön?" Da mussten wir ihr zustimmen. Ihre Frisur betonte den Hinterkopf, der Nacken blieb frei und sie sah halt viel schicker aus. In ihrem Küchenschrank bewahrte sie ihre Utensilien zum Frisieren auf. Es war ein großer grüner Kamm, eine Bürste, ebenfalls mit einem grün gestrichenen Holzrücken, und, was noch wichtig war, ein Handspiegel, die Rückseite auch aus grünem Holz. Manchmal holten wir Kinder die Utensilien aus dem Schrank und kämmten uns gegenseitig. Warum, weiß ich nicht, aber Oma mochte es nicht besonders und sagte zu uns:„Sedd ihr üch at wir'm am pluse?" (Müsst ihr euch schon wieder kämmen?)

*

Blumen für die Oma

Wenn im Frühling und Sommer schönes Wetter war, liefen wir meist durch die Wiesen und Felder hinter dem Hof hinunter bis zum Merzbach. Der schmale, glasklare Bach war für uns Kinder fast ein unüberwindbares Hindernis. Um ihn zu überqueren, mussten wir etwas weiter über eine Brücke oder bis unten zur Dorfbrücke, wo der Merzbach so flach war, dass man von Stein zu Stein hüpfen konnte, ohne ins Wasser zu treten. Wenn wir die Wiese der anderen Seite erreicht hatten, war das für uns schon ein anderes Land.

Hier wuchsen besonders schöne lilafarbene Schlüsselblumen, große Margeriten, goldgelbe Butterblumen und noch einige andere Blumenarten, deren Namen wir nicht kannten. Aber das war egal. Wir pflückten voll Begeisterung einen schönen bunten Strauß Wiesenblumen, der oft für Oma Josefine bestimmt war. Dass sie sich besonders darüber freute, glaube ich nicht; denn sie empfing uns häufig mit den Worten: „Habt ihr schon wieder Blumen gepflückt? Die sind ja doch morgen schon verwelkt." Doch ihre Worte überhörten wir einfach. Zur Belohnung, auf die wir immer warteten, gab es ein köstliches Getränk, nämlich Himbeersaft mit Leitungswasser.

Kam in den Sommerferien unsere Cousine Ilse zu Oma in Ferien, brachte sie immer einige Bücher zum Lesen mit. Dafür hatte Oma kein Verständnis. Sie sagte dann zu mir: „Da hat sich Ilse wieder so viele Bücher mitgebracht. Was will sie denn bloß hier damit? Sie hat doch genug anderes hier zu tun. Lesen kann sie doch zu Hause, wenn sie Langeweile hat." Aber Ilse blieb in ihr Buch vertieft in ihrer Ecke sitzen, bis Mia und ich auftauchten. Dann legte sie ihre Lektüre sofort zur Seite und machte gerne alles mit, was es auf dem Land zu unternehmen gab.

*

Opa Leonhards Tod

Wir Kinder hatten gar nicht gemerkt, dass unser Opa Leonhard mit der Zeit immer abständiger geworden war. Nur an eine Begebenheit erinnere ich mich noch sehr gut. Mia und ich kamen mit Opa von einem Spaziergang. Auf der Straße nahmen wir beiden Mädchen ihn bei der Hand und umkreisten ihn, während er jedes von uns festhielt. Dabei musste Opa sich immer schneller drehen. Davon wurde ihm schwindelig, sodass er hin- und hertorkelte. Er schimpfte mit uns. Das war uns fremd an Opa. Wahrscheinlich waren es erste Anzeichen seiner Durchblutungsstörungen im Gehirn, Verkalkungen, wie man früher sagte. Seine Spaziergänge und seine Aktivitäten mit uns Kindern wurden immer seltener. Eines Morgens erschien mein Vater in aller Frühe an meinem Bett. Ich war gleich hellwach, als er sich zu mir auf die Bettkante setzte.

„Opa ist eben gestorben", sagte er traurig zu mir. Er legte seinen Kopf zu mir aufs Kissen und weinte. Ich weinte mit ihm. Dieser Tod hat meinen Vater wohl sehr getroffen; denn es war das einzige Mal, dass ich als Kind meinen Vater habe weinen sehen. Er tröstete mich liebevoll und ging dann wieder in seine Backstube, denn die Arbeit hilft dem Menschen oft, seine Trauer zu verdrängen.

Noch am gleichen Tag wurde Opa in seinem Wohnzimmer aufgebahrt. So war es üblich, denn ein Leichenhaus gab es auf dem Dorf noch nicht. Zwei Frauen aus der Nachbarschaft wuschen Opas Leichnam, zogen ihm seinen besten dunklen Anzug an und legten ihn in den Sarg. Tante Nelli, eine Schwägerin meiner Mutter, war auch dabei. Noch heute bewundere ich Menschen, die dazu in der Lage sind.

Blumen und Kerzen wurden neben dem Sarg aufgestellt und alle Verwandten, Nachbarn und Freunde hatten drei Tage Gelegenheit, am offenen Sarg von Opa Abschied zu nehmen.

Für mich war es das erste Mal, dass ich einen Toten sah. An der Hand meiner Mutter trat ich ins Zimmer. Opa lag da, als ob er schliefe. Ich empfand keine Beklemmung, keine Furcht. In seinen Händen, die auf der Brust verschränkt waren, hielt er einen Rosenkranz.

Damals war ich immerhin sieben Jahre alt. Aber trotzdem kann ich mich nicht an Opas Begräbnis erinnern.

*

Die Heuernte

An eine warmen Sommertag musste Onkel Hubert Heu einfahren, und wir durften mit. An seinen kleinen Traktor hängte er den großen Holzkarren mit den dicken Gummireifen. Wir Kinder durften hinten auf dem Karren sitzen. Holterdiepolter ging es die Straße hinunter am Bach entlang bis zur Wiese. Mit großen Heugabeln wurde das Heu auf den Karren geladen. Wir Kinder rafften es mit den Händen zusammen und Onkel Hubert warf es auf den Wagen, bis das Heu ein Stück über die Seitenwände ragte. Nun musste er sehr sorgfältig stapeln und schichten, damit der Karren auch richtig voll wurde. Ilse, Mia und ich stampften halb tanzend das Heu fest. Dabei piekste und kratzte es an unseren Beinen. Aber das machte uns gar nichts, im Gegenteil, wir jubelten und sangen vor Freude. Als der Wagen etwa vier Meter hoch mit Heu beladen war, ging es heimwärts. Nach vielem Bitten durften wir uns hoch oben flach auf das Heu legen. „Bleibt bloß ruhig liegen und steht nicht auf, sonst fallt ihr herunter! Es ist sehr gefährlich", mahnte Onkel Hubert. Vor Freude, dass wir oben bleiben konnten, hielten wir unser Versprechen, liegen zu bleiben. Es war zu schön, auf dem hoch beladenen Wagen hin- und her-geschaukelt zu werden, denn der lehmige Weg mit den tief ausgefahrenen Furchen und Löchern ließ den Wagen hin- und herschwanken. Und das genossen wir, alle viere von uns gestreckt, hoch oben im duftenden Heu. Manchmal streiften Äste und Blätter über uns hinweg, weil der Wagen so voll beladen war, dass er bis an die unteren Äste der Birken reichte, die am Bach entlang standen.

*

Kühe treiben

Onkel Hubert hatte immer ein Herz für uns Kinder. Ich kann mich nicht erinnern, dass er uns je einmal weggeschickt hätte. Im Gegenteil, wenn wir fragten, bekamen wir immer eine Erklärung. Und wenn wir helfen wollten, was ihn manchmal vielleicht mehr aufhielt als ihm half, durften wir zupacken, ob beim Zerkleinern der Futterrüben für die Kühe, beim Küheputzen, beim Stallausmisten oder Kehren. Häufig rief er uns sogar und bat um Hilfe, wenn die Kühe auf die Wiesen außerhalb des Dorfes gebracht wurden. Mit einem Stock bewaffnet, hielten wir die acht oder zehn Tiere zusammen. Sobald sie den Stall verlassen hatten, leerten sie ihre Mägen. Platsch, platsch, fielen dicke Kuhfladen auf die Dorfstraße. Darüber regte sich niemand auf, es war halt üblich. Anschließend fuhr man mit einem Schubkarren den Weg nach und kehrte mit Besen und Schaufel den Mist auf. Dabei beseitigte man auch gleichzeitig die Rossäpfel, die die Pferde hinterlassen hatten. Wir lebten schließlich auf dem Lande!

*

Getreideernte

Im August, wenn die Weizen-, Roggen- und Haferernte begann, war immer viel Arbeit auf den Feldern. Onkel Hubert besaß damals schon einen so

48

genannten Binder, der am Traktor befestigt und angetrieben wurde. Dieses Gerät mähte das Getreide, bündelte es zu Garben, verschnürte diese mit einer Kordel und warf sie seitwärts aus. Das war schon eine moderne Maschine, die viel Arbeitserleichterung brachte, denn viele kleinere Bauern mussten ihr Getreide noch mit der Hand mähen und binden.

Tante Leni und auch wir Kinder gingen hinter dem Binder her und stellten die Garben mit den Ähren nach oben zu Haufen auf. Die blieben dann so lange im Feld stehen, bis die Ähren und die Halme ganz trocken waren. Hätte man das Getreide zu früh in die Scheune gebracht, bevor es ganz trocken war, so wäre alles verfault. Bevor Onkel Hubert ein Feldstück mähte, durchstreifte er es einmal, um, wie er sagte, etwaige Unebenheiten auszumachen oder dicke Steine zu entfernen. Dementsprechend bestimmte er die Höhe, mit der die Scheren des Binders über dem Feldboden mähten. Die sahen aus wie zwei Blattsägen, die sich übereinander schoben, immer in entgegengesetzter Richtung. Nicht selten entdeckte er zwischen dem hohen Getreide auch Nester von Feldhühnern, Rebhühnern, Fasanen oder sonstigen Tieren. Einmal hatte er einen seltenen Fund gemacht. Er hatte das Nest einer Katze entdeckt mit vier jungen Kätzchen, die nicht viel größer als eine Kinderhand waren. Sie hatten die Äuglein noch geschlossen, so jung waren sie noch. Die Katzenmutter hatte wohl aus Angst vor der herannahenden lauten Maschine das Weite gesucht.

*

Babysitter und Katzenmutter

Ich war etwa zehn Jahre alt, als Cousine Mia und Vetter Leo noch einen kleinen Bruder bekamen, den Jakob. Zur Erntezeit, Tante Leni half schon wieder mit im Feld, war Jakob erst einige Monate alt, also noch ein richtiges Baby.

Meine Tante vertraute Mia, die ungefähr fünf war, und mir ihr Baby an. Wir zwei hatten oft genug zugeschaut, wie Tante Leni dem Jakob die Windeln wechselte und ihm das Fläschchen gab. Wir warteten mittags geduldig, bis Jakob seinen Mittagsschlaf gehalten hatte. Dann nahmen wir ihn aus seinem Bettchen, machten ihm eine saubere Hose und gaben ihm die Flasche, die seine Mutter vorbereitet hatte. Wir waren sehr stolz, dass wir das Baby versorgen durften. Das machte doch mehr Spaß, als Puppenmutter zu sein!

Anschließend legten wir Jakob in seinen Kinderwagen, nahmen noch Kaffee und belegte Brote mit und zogen ins Feld. Dort lobten Onkel und Tante unsere Fürsorge für den Kleinen. Onkel Hubert zeigte uns gleich das Katzennest, das er entdeckt hatte. Die kleinen Kätzchen waren alle schwarz-weiß gefleckt. Leise miauten sie vor sich hin. Wir empfanden Mitleid für sie und wollten sie sogleich streicheln. Aber Onkel Hubert warnte: „Die Mutter verstößt ihre Jungen, wenn sie riecht, dass ein Mensch sie angefasst hat. Vielleicht kommt die Katzenmutter ja diese Nacht zurück und trägt ihre Jungen an einen anderen, sicheren Ort."

Wir waren einverstanden. Doch gleich am nächsten Morgen gingen wir wieder mit zum Feld, um nachzusehen, ob die Katzenmutter ihre Kinder wirklich in Sicherheit gebracht hatte. Als wir uns dem Nest näherten, hörten wir die kleinen hilflosen Kätzchen wimmern. Die Mutter war also nicht zurückgekommen. „Jetzt kommt sie auch nicht mehr, und ich muss das Stück hier endlich mähen", sagte mein Onkel Hubert.

Ich hatte eine Idee. Schnell rannte ich nach Hause, holte ein Körbchen mit zwei Henkeln und ein Küchenhandtuch. Vorsichtig legten wir die krabbelnden Kätzchen hinein. Ganz behutsam und fest entschlossen, die kleinen Wesen großzuziehen, gingen Mia, Leo und ich nach Hause. „Was bringt ihr denn da ins Haus?", empfing uns meine Mutter. „Das sind ja vier Stück, und sie sind ja noch viel zu klein, um sie durchzubringen. Auf dem Hof nebenan sind Katzen genug, was wollen wir denn damit?" Aber ich ließ nicht von meinem Vorhaben ab, die Kätzchen zu behüten, zu bemuttern und großzuziehen. Das Körbchen stellte ich erst in der Veranda im Innenhof ab. Auch wenn meine Mutter die Tiere nicht mochte, konnte es doch nicht so schlimm sein, wenn sie nicht im Haus, sondern draußen versorgt wurden. Wir, Mia, Leo und ich, suchten uns ein Liebesperlfläschchen, das vom Kirmesmarkt stammte. Bisher hatte ich es beim Spielen mit den Puppen verwendet. Dieses Fläschchen füllten wir mit verdünnter Kuhmilch und versuchten dann, den Kätzchen die Milch einzuflößen. Das war sehr schwierig und gelang kaum.

„Siehst du, das funktioniert nicht, die Katzen sind noch viel zu klein. Von der Kuhmilch bekommen sie nur Durchfall", belehrte mich meine Mutter. „Ihr hättet die Tiere besser im Feld gelassen." Den Tränen nahe und mit Wut im Bauch schrie ich: „Nein, dort wären sie verhungert, denn die Katzenmutter hat sich nicht mehr um sie gekümmert." – „So nun Schluss, jetzt gehst du erst mal schlafen", befahl meine Mutter. Aber an diesem Tag wollte ich absolut keinen Mittagsschlaf halten, sondern mich weiterhin bemühen, die Kätzchen zu füttern.

Den Machtkampf verlor ich trotz Schreiens und Weinens. Widerwillig und unter Tränen bat ich meine Mutter, mir zu erlauben, nach dem Mittagsschlaf weiter für die kleinen Katzen sorgen zu dürfen. Aber ich hatte ein ungutes Gefühl. Mutter hatte zwar zugestimmt, aber ich war mir fast sicher, dass sie irgendetwas im Schilde führte. Vielleicht wird sie die Katzen wegbringen, dachte ich. Deshalb verspürte ich Angst und gleichzeitig Wut, weil ich mich der Mutter gegenüber machtlos fühlte. Irgendwann muss ich doch unter Tränen eingeschlafen sein.

Als ich wach wurde, war mein erster Gedanke: Die Kätzchen! In Windeseile zog ich mich an. Da hörte ich vom Hof ein fürchterliches angstvolles Jammern. Ja, natürlich, es waren die Kätzchen. Aber ihr Schreien klang anders, so wie Todesangst. Es musste etwas Furchtbares passiert sein. Ich rannte, so schnell ich konnte, auf den Hof hinaus, wo das klägliche Gejammer herkam. Da, das Körbchen war weg, und ganz vereinzelt und leise drangen noch Schreie an mein Ohr. Das konnte doch nicht wahr sein! Das Gewimmer kam aus dem Abflussbassin im Hof. Ich schrie so laut, als ginge es um Leben und Tod. Da kam auch schon meine Mutter in den Hof gestürzt und wollte mich beruhigen. „Die Katzen wären sowieso kläglich eingegangen. Jetzt haben sie es schon überstanden und brauchen nicht lange zu leiden", sagte sie laut und etwas zynisch gegen mein Geschrei ankämpfend. „Du hast sie ertränkt, du hast sie ertränkt!", schrie ich sie an. „Warum hast du das getan, wie konntest du das nur tun?" Bis dahin kannte ich keinen Hass, aber jetzt hasste ich meine Mutter so, wie man schlimmer keinen Menschen für eine Untat hassen kann.

Tage später erfuhr ich, dass sie zusammen mit dem Bäckergesellen, der ja tun musste, was die Herrin ihm befahl, die kleinen, wehrlosen Tiere mit einem Stein in einen Sack gesteckt und sie ertränkt hatte. Aber sie hatten einen Fehler gemacht. Der Sack war zu groß und das Bassin nicht tief genug. Darum waren die Kätzchen nicht gleich tot gewesen und ich hatte sie noch schreien hören.

*

Das Leben mit Kühen, Kälbern, Katzen, Hühnern

Nebenan auf dem Bauernhof bei Onkel Hubert und Tante Leni gab es immer etwas Neues zu sehen oder zu tun. Als eine Kuh frisch gekalbt hatte und ihr neu geborenes schwarz-weißes Kälbchen auf einem frischen Strohhaufen in einer Ecke des warmen Kuhstalls lag, zeigte Onkel Hubert uns, wie man Kälbchen dazu bringen konnte, aus einem Eimer Milch zu trinken. „Warum darf es nicht bei der Mutter trinken?", fragte ich. „Die Kälber beißen gerne zu fest zu", sagte er. „Dann entzünden sich die Zitzen der Kuh, und sie kann keine Milch mehr geben und wird krank oder kann sogar sterben." Das verstanden wir gut, und das Kälbchen schien sich ja auch ohne Mutter wohl zu fühlen. Wir Kinder lagen neben dem kleinen

Kälbchen im Stroh und streichelten sein weiches Fell, was ihm scheinbar sehr behagte. Doch nun musste es zum Trinken gebracht werden. Mein Onkel brachte einen halb vollen Eimer Milch. Er hielt ihn etwas schräg vor das Kälbchen, steckte ihm zwei Finger ins Maul, woran das Tier instinktiv saugte, und führte nun den Kopf bis in den Eimer mit Milch. Das Kälbchen saugte immer weiter an den Fingern und nahm so gleichzeitig die Milch mit

Hochzeitsfoto von Tante Leni und
Onkel Hubert Bremen

auf. Das musste ich auch probieren. Vorsichtig steckte ich zwei Finger in das Maul des Kälbchens. Schnell zog ich sie wieder zurück, denn die Zunge war so rau, dass es fürchterlich kitzelte. Beim zweiten Versuch war es schon nicht mehr so schlimm. Ich hatte mich schnell an das eigenartige Gefühl gewöhnt.

Sehr stolz darauf, dass das Kälbchen auch an meinen Fingern saugte, führte ich es nun mit dem Maul bis in die lauwarme Kuhmilch. Siehe da, es schlürfte und schmatzte, dass es eine wahre Freude war. Noch ein paarmal musste man dem jungen Tier das Trinken aus dem Eimer zeigen. Dann kam es auch ohne Hilfe zurecht. Wenn es aufstehen wollte, schwankte es zuerst noch hin und her, doch schon am nächsten Tag stand es etwas fester und sicherer auf den Beinen.

Für kleine hilflose Tiere hatte ich immer eine Vorliebe. So auch für die kleinen Küken, die Tante Leni in der Küche in einer Kiste unter einer Rot- lichtlampe hielt. Es war schön, den kleinen gelben Wollknäueln zuzusehen, wie sie piepsend und pickend herumliefen. Mit ihren großen Hühnern hatte Tante Leni mehr Arbeit. Sie lief oft hinter ihnen her, wenn sie, anstatt im Hühnerstall die Eier zu legen, gackernd in die Scheune liefen, um dort ihre Eier zu verstecken. Oder wenn sie abends nicht in den Stall zurückwollten. Dann rief sie laut hinter ihnen her: „Ik riet ück der Steert uut!" Für uns hörte sich diese Drohung fremd an; es war ja auch nicht unser Plattdeutsch, denn Tante Leni stammte vom Niederrhein.

Wenn wir Kinder auf dem Hof Fangen spielten, äfften wir Tante Leni oft nach und der Fänger lief hinter den anderen her laut schreiend: „Ik riet uck der Steert uut!" Mia, die Tochter von Tante Leni, konnte das besonders gut, und wir lachten uns halbtot und konnten vor lauter Lachen nicht mehr laufen.

Hühnereier waren sehr wertvoll. Deshalb war man darauf bedacht, dass die Hühner ihre Eier brav im Hühnerstall legten. Manchmal tastete Tante Leni die Hühner ab, um festzustellen, ob sie bald ein Ei legen würden. Dann ließ sie das Huhn erst gar nicht auf den Hof, sondern sperrte es so lange in den Stall ein, bis das Ei im Nest lag.

Hühner tasten, das wollte ich auch können! Tante Leni hielt das Huhn fest unter dem Arm, und ich musste meinen Finger in das Poloch des Huhnes stecken. Ih, war das weich und warm, aber ich hatte das Ei gefühlt, und das war wichtig.

Oft fanden wir beim Spielen in der Scheune zwischen den Strohballen Nester voller Eier. Einmal bin ich mit dem Fuß zwischen zwei Ballen gerutscht und geradewegs in einem Nest mit Eiern gelandet. Die meisten waren wohl schon faul, denn es stank fürchterlich.

Hin und wieder spielte auch Herbert Sieger, der Nachbarsjunge, mit uns auf dem Hof. Er besaß ein Paar Rollschuhe, mit denen er aber auf dem löchrigen Lehmboden nicht fahren konnte. Er fuhr dann auf dem Trottoir (Bürgersteig) vor unserem Haus auf und ab. Das war nicht weiter schlimm, nur wenn mein Vater seinen wohlverdienten Mittagsschlaf halten wollte, ausgerechnet dann schnallte Herbert seine Rollschuhe an. Aus dem Schlafzimmerfenster schallten oft ein paar kräftige Worte und forderten eindringlich Ruhe.

Eine schwarz-weiße Katze hatten sie auch auf dem Bauernhof, die sehr zahm war. Gerne spielten Mia und ich mit ihr. Zuerst machten wir der Katze etwas zu fressen. Dazu brauchten wir Milch, altes Weißbrot und etwas Zucker. Mit einem alten Milchtopf liefen wir in den Kuhstall und versuchten eine Kuh zu melken. Mia wusste, welche die geduldigste beim Melken war. Andere Kühe schlugen gerne aus, wenn man sich ihnen näherte. Wir hatten oft genug beim Melken zugeschaut und es auch selbst schon probiert. Trotzdem dauerte es einige Zeit, bis wir etwas Milch in unserem Topf hatten. Damit gingen wir in die Küche, gossen die Milch in den Katzenteller und brachen kleine Brotbröckchen hinein. Schließlich streuten wir noch etwas Zucker darüber. Ob die Katze das besonders gern mochte, weiß ich nicht. Aber was uns schmeckte, das musste doch auch der Katze munden. Wir brauchten nicht lange „Mimimimi" zu rufen, schon kam sie angerannt. Sofort machte sie sich über ihr Fressen her.

Als die Katze gesättigt war, nahmen wir sie auf den Arm, zogen ihr ein altes Babyjäckchen an und packten ihr einen kleinen Nabelwickel um den Bauch.

Wir behandelten sie wie unser Kind. Die Katze war sehr zahm, darum ließ sie sich alles gefallen. Wir legten sie in den Puppenwagen und deckten sie zu. Das gefiel der Katze anscheinend, denn sie schnurrte leise und schlief bald ein. Währenddessen spielten wir. Nach einiger Zeit schaute ich wieder zum Puppenwagen, aber der war leer. „Die Katze ist weg", " rief ich, und wir rannten hinaus auf den Hof. Da sahen wir die Katze in großen Sprüngen die Leiter zum Heustall hinaufhasten. Das Babyjäckchen hatte sie noch immer an, nur die Nabelwickel nicht. Es war schon ein lustiges Bild, eine Katze mit einem Kinderjäckchen herumlaufen zu sehen.

*

Klein Jakob wird gebadet

Was wir als Katzenkleidung verwendet hatten, daraus war Jakob, der jüngste Sohn meiner Tante Leni, schon längst herausgewachsen. Jakob war mit einem Gewicht von zwölf Pfund auf die Welt gekommen.

Wenn Jakob gebadet und versorgt wurde, ließ mich Tante Leni oft zusehen. Sie stellte die kleine Wanne auf zwei Stühle, legte das Badetuch, Seife und Schwamm bereit. Über den Tisch breitete sie eine Decke aus. Darauf wurden sorgsam gestapelt: die Windeln, ein großes, flauschiges Bibertuch – für Jungen hellblau, für Mädchen rosa umhäkelt –, darauf ein kleineres Tuch aus dem gleichen Material und zuletzt ein Sanitastuch, das sie zu einem großen Dreieck faltete. Nabelwickel, Unterhemdchen, Babyjäckchen, alles aus Baumwolle. Puder und Penatencreme durften natürlich auch nicht fehlen. Um die Wassertemperatur zu prüfen, tauchte die Tante ihren Arm bis zum Ellenbogen ins Wasser. Alles war vorbereitet, Jakob konnte gebadet werden.

Das gefiel ihm sehr, denn er schrie nicht, sondern strampelte vor Freude so heftig im Wasser, dass es nur so durch die Gegend spritzte. Tante Leni liebte ihren Sohn wohl sehr, denn sie behandelte ihn mit großer Sorgfalt und Zärtlichkeit. Zuerst trocknete sie ihn gründlich ab, cremte und puderte ihn ein und wickelte ihn in ein Tuch nach dem anderen. Zuerst das Sanitastuch, dessen unteres Dreieck sie teilte und jeden Zipfel um ein Beinchen schlug. Die seitlichen Zipfel wurden über dem Bauch verschränkt. Beinahe hätte sie den Nabelwickel vergessen, der zuerst umgebunden wurde. Über das kleine Bibertuch zog sie das Unterhemdchen glatt nach unten, dann das große Bibertuch. Eine kurze Seite legte sie einmal über den Bauch, schlug das untere Ende des Tuches nach oben, aber nicht zu kurz, damit Jakob seine Beinchen bequem ausstrecken konnte, und wickelte das andere Ende straff um den Bauch. Darüber zog sie das obere Babyjäckchen, straffte es nach unten und im Rücken über Kreuz und steckte dann die Enden ein, damit alles gut hielt. Manchmal band sie auch noch einen kurzen Wickel darüber. Danach sah das Baby aus wie ein verschnürtes Päckchen.

Diese Prozedur, ein Baby zu baden und anzuziehen, hat mein Gedächtnis gespeichert. Lebhafte Erinnerungen daran kamen erst zurück, als ich meine eigenen Kinder wickelte.

*

Der Traum vom eigenen Bruder

Ich hatte noch zwei Schwestern und hätte immer gerne auch einen Bruder gehabt. Als bei Leni und Hubert schon der zweite Junge angekommen war, äußerte ich bei ihnen meinen sehnlichen Wunsch. Onkel Hubert hatte Verständnis dafür. Er sagte: „Du hättest gerne ein Brüderchen? Wie gefällt dir denn unser Jakob? Den kannst du kaufen." Ich muss ihn wohl zuerst sehr ungläubig angesehen haben, denn er beteuerte noch einmal, dass ich ihn haben könne. Er muss wohl sehr überzeugend auf mich gewirkt haben, als er mir seinen Preis nannte. „Wenn du mir eure Thekenschublade mit dem Geld bringst, dann kannst du Jakob haben", bot er mir an. Zuerst zögerte ich noch etwas, solch ein Angebot konnte ich kaum glauben. Aber Onkel Huberts ernstes Gesicht verscheuchte in mir alle Zweifel an dem Handel. Ich lief schnell über den Hof nach Hause. Ohne jemand anzusprechen, schlich ich bis in den Laden, zog die ganze Holzschublade aus der Theke heraus und ging zielstrebig mit Schublade samt Inhalt vor dem Bauch in Richtung Hof. Mir kamen Bedenken, ob das Geld wohl reichen werde, um Jakob dafür einzutauschen.

Ich kam nicht sehr weit. Am Hoftor holte meine Mutter mich ein. „Was machst du denn da mit der Geldschublade? Bist du verrückt geworden, wo willst du damit hin?", rief sie und hielt mich fest. „Onkel Hubert hat gesagt, wenn ich ihm die Geldschublade bringe, könnte ich dafür Jakob haben", antwortete ich stockend und etwas ängstlich. Meine Mutter nahm mir die Schublade ab und versuchte mir klar zu machen, dass Onkel Hubert sich einen Scherz erlaubt habe. „Er ist kein Vater, der sein Kind für Geld hergibt", belehrte sie mich. Mit jedem Wort meiner Mutter schwand der Traum von einem eigenen Bruder mehr und mehr. Bei ihrem Verständnis für meinen Wunsch, einen Bruder haben zu wollen, sah sie von einer Bestrafung für mein unrechtes Benehmen ab. Tröstend strich sie über mein Haar und beteuerte noch einmal: „Es war ein Scherz, den sie sich mit dir erlaubt haben. Siehst du, auch Papi und ich würden dich nicht für alles in der Welt verkaufen."

Darüber freute ich mich sehr und ich lernte es, auch ohne Bruder zu leben. Weil ich mich sehr schämte, auf diesen Schabernack hereingefallen zu sein, traute ich mich erst Stunden später wieder, nach drüben zu gehen. Zögernd trat ich ein und erzählte, wie es mir ergangen war. Onkel Hubert lächelte und bestärkte die Lehre, die meine Mutter mir erteilt hatte. Er tröstete mich mit den Worten: „Es ist nicht schlimm, dass du keinen Bruder hast. Du kannst doch so oft du willst herkommen und mit Jakob spielen." Das Angebot gefiel mir und ich nahm es freudig an. Sehr oft war ich bei ihnen und war immer herzlich willkommen.

*

Die Dreschmaschine kommt

Im Spätherbst, wenn die meiste Arbeit auf den Feldern getan war, wurde das Getreide, das man im Sommer in die Scheune gebracht hatte, gedroschen. Für einige Tage wurde die Dreschmaschine bestellt. Den Mähdrescher, der das Getreide schon auf dem Feld drischt, gab es noch nicht. Die Dreschmaschine war immerhin ein Fortschritt, verglichen mit der Zeit, da das Korn auf der Tenne mit dem Dreschflegel aus den Ähren geschlagen wurde.

In meiner Kindheit wurde eine Dreschmaschine ausgeliehen und die ganze Familie und die Bauern aus der Nachbarschaft halfen beim Dreschen. Die riesige Maschine machte solch einen Höllenlärm, dass man sein eigenes Wort kaum verstand. Ganz oben in der Maschine befand sich eine Öffnung, in die eine der Hilfskräfte die Garben hineinwarf, wobei die Ähren immer zur gleichen Seite zeigen mussten. Gierig wie ein nimmersattes Ungeheuer verschlang die Maschine ein Bündel nach dem anderen. Aus einem langen Rohr an der Seite pustete sie die Spreu bis auf den Dachboden des Kuhstalls. Am hinteren Ende der Maschine kamen die gepressten Strohballen heraus und vorne das Wichtigste, das Getreide. Es wurde direkt in einen großen Jutesack gefüllt, der um einen Trichter gebunden war. War ein Sack voll, es waren jedes Mal zirka 100 Kilogramm, zog ein Mann ihn schnell zur Seite und ein anderer band direkt den nächsten Sack an. Es sollte ja so wenig wie möglich von dem kostbaren Korn auf die Erde fallen. Kostbar war das Korn auch deshalb, weil früher die Felderträge nur halb so hoch waren wie heute.

Wir Kinder durften überall dabei sein. Wir leisteten echte Hilfe, wenn wir oben aus der Scheune Garben, die ungefähr so groß waren wie wir selbst, weiterreichten, wenn wir die Spreu auf dem Dachboden bis in die Ecken schoben, wenn wir den Helferinnen und Helfern etwas zu trinken oder zu essen brachten. Es war Schwerstarbeit, die diese Leute leisten mussten. Da durfte nicht getrödelt werden; denn die Leihgebühr für die Dreschmaschine wurde nach Stunden abgerechnet.

Am Abend sahen alle so verschmutzt aus, als hätten sie einen Sack voll Staub und Mehl abbekommen. Wenn die Dreschmaschine den Hof verlassen hatte und alles wieder aufgeräumt und sauber war, wurde ein kleines Festmahl für alle Mithelfer gegeben. Dabei wurde über die Ernte gesprochen, über das Getreide, ob es gut trocken war, bei wem als Nächstes gedroschen wurde und was die Menschen sonst so bewegte.

Mein Onkel Hein beschwerte sich zum Beispiel über zwei große Katzen, die sich auf seinem Hof herumtrieben.

*

Ein grausamer Tod

Onkel Hein hatte die beiden Tigerkatzen wohl schon mehrmals im Hühnerstall erwischt. Und da sehen Landwirte Katzen nun wirklich nicht gern. Sie verscheuchen die Hühner und machen sich wohl auch über die Küken her. Was sie nun genau bei Onkel Hein angestellt hatten, weiß ich nicht. Er äußerte mehrmals: „Die Biester müssen weg. Aber die sind so scheu, dass ich nicht weiß, wie ich sie packen soll." Eines Abends kam er siegesbewusst in unsere Küche und triumphierte: „Ich habe die Katzen erwischt! Beim Fressen habe ich sie geschnappt." – „Hast du sie ertränkt?", fragte mein Vater. – „Ich habe sie bei den Hinterbeinen gepackt und sie so oft gegen die Stallmauer geschleudert, bis sie tot waren. Das war nicht so einfach, sie waren sehr hartnäckig, Katzen haben bekanntlich sieben Leben und ich musste alle Kraft anwenden, bis sie leblos dalagen."

Ich war ganz entsetzt. Solche Grausamkeit hatte ich dem eher schmächtigen und sonst so ruhigen Onkel Hein nicht zugetraut. Neugierig ging ich hinaus auf den Hof zum Tatort. „Bah", rief ich laut und blieb in sicherer Entfernung stehen. Es war ein grausames Bild, das sich mir bot. Da lagen die beiden toten Katzen, das Maul weit aufgerissen. Kopf und Fell waren blutüberströmt. Die schräg stehende Abendsonne machte die Szene noch makabrer und grausamer. Es war furchtbar. Ich stand wie erstarrt da und war froh, dass meine ältere Schwester mir gefolgt war. Wir konnten es beide nicht begreifen, dass die Katzen sterben mussten und ein Mensch so etwas Furchtbares tun konnte und dann auch noch stolz von seiner Tat erzählte. Tiere schlachten, das gehörte auf einem Bauernhof zum Alltag. Aber mussten denn auch solche Grausamkeiten geschehen? Den Onkel Hein straften wir mit Verachtung. Wollte er sich etwa selbst bestätigen, wie mutig er doch war?

*

Fronleichnam

Um 1950 gab es noch keinen Fernseher, wenige Radios und selten Zeitung, geschweige ein Hobby wie Tennis, Reiten, Surfen, Computer oder dergleichen. Zudem hatten die Menschen wenig Zeit für ein Hobby, und kosten durfte es auch nichts. Urlaubsfahrten konnten sich die, die ich kannte, nicht leisten. Freizeitbeschäftigung im heutigen Sinne war weitgehend unbekannt. Wir verbrachten unsere freie Zeit mit Radfahren, Fußballspielen, im Winter Schlittenfahren, abends mit Karten-, „Mensch-ärgere-dich-nicht"- oder Mühlespielen. Ab und zu gingen die Männer zum Kegeln. „Ausreiten" hieß für uns: auf dem Rücken eines Ackergauls sitzen, vom Stall bis zur Wiese und zurück. Wir Kinder spielten Ball oder Murmeln. Die Murmeln waren aus Lehm. Glasmurmeln waren zu teuer und somit sehr selten. Der Kurs war zehn bunte Lehmkugeln für eine Glasmurmel. Doch für uns Kinder gab es noch so vieles, was uns Freude bereitete und gleichzeitig nützlich war, zum Beispiel das Blumenpflücken vor Fronleichnam.

Wir Kinder liefen, jedes mit einem Körbchen im Arm, in Wiesen und Felder, um dort die Blumenköpfe zu pflücken. Es war ein märchenhafter Anblick, den ich nie vergessen werde: eine Wiese, die etwas weiter hinter dem Bach lag und voll mit großen Margeriten bewachsen war. Im Wind sah es aus wie ein Blütenmeer, das leicht hin- und herwogte. Dort mussten wir unbedingt hin. Wir nahmen die schönsten weiß und goldgelb leuchtenden Blütenköpfe zwischen die Finger und zupften sie einfach ab. Diese Blüten wurden am Fronleichnamstag zur Zierde auf den Weg gestreut, auf dem die Prozession daherzog. Die Frauen des Dorfes schmückten dann vier große Altäre, die an vier Enden des Ortes im Freien aufgebaut waren. Von dort erteilte der Priester bei der Fronleichnamsprozession mit der Monstranz den Segen.

Tagelange Arbeit, viel Geschick und Können waren nötig, bis so ein Altar fertig war. Über und über mit riesigen Zweigen, großen Topfpflanzen und frischen Blumen waren sie verziert. Mir imponierte immer sehr, mit welcher Kunst die Frauen vor jedem Altar einen Teppich aus lauter Blütenköpfen legten. Die verschiedenen Farben waren zu einem wunderbaren Muster zusammengefügt. Für mich könnte kein Blumenfest in San Remo in Italien prachtvoller sein als diese Altäre.

Auch viele Häuser hatten einen eigenen Hausaltar, so auch unseres. Meine Mutter legte sehr großen Wert darauf, dass er besonders schön war. Man musste ihr auch zugestehen, sie hatte ein Händchen dafür. Unser Hauseingang eignete sich besonders gut, um einen Altar herzurichten. Er hatte drei Stufen und eine große Eingangstüre. Über die Stufen wurde ein Teppich ausgerollt und darauf stellte meine Mutter Stufe für Stufe frische Blumen, grüne oder blühende Topfblumen und dazwischen zwei große Messingleuchter. Nun fehlte nur noch das Abendmahlsbild, das sie sich bei ihrer Schwester Trautchen auslieh. Dieses riesige Bild mit breitem Goldrahmen hängte sie oben in die Eingangstüre als krönenden Abschluss. Meine Mutter ging selten mit zur Prozession. Sie stand, wenn alle vorbeizogen, versteckt hinter dem

Meine Schwester Ingrid als Kommunionkind
und ich im hellblauen Kleid

Altar und lauschte, was die Leute über ihren Altar sagten und wie sie ihn bestaunten. Von vielen Kunden wurde sie später noch darauf angesprochen, was sie doch wieder für einen schönen Altar gehabt hätte und wie viel Arbeit sie sich wohl wieder damit gemacht hätte. Sie versicherte, dass sie das gerne täte und ihr die Arbeit deshalb nichts ausmachen würde. Was tut ein Mensch doch alles für ein wenig Lob und Anerkennung!

*

Herr Gurgels hat große Wäsche

Wenn am Wochenende oder vor einem Fest viel Arbeit in der Backstube anfiel und keiner Zeit für mich und meine fünf Jahre jüngere Schwester Gertrud hatte, brachte Frieda, unser Hausmädchen, uns zum Verwahren zu Herrn Gurgels. Er war Frührentner, denn er litt an Staublunge von der schweren Arbeit unter Tage in der Steinkohlengrube. Zusammen mit seiner Frau, seiner großen Tochter und seinem Sohn bewohnte er ein kleines Haus in der Gracht, nicht weit von der Schule entfernt. Er war sehr kinderlieb, und wir mochten ihn gerne. Er war geduldig, gab ernste Antworten auf unsere kindlichen Fragen und beschäftigte sich stundenlang mit uns. Wenn er mit Gertrud und mir einen kleinen Spaziergang durch die angrenzende Gracht unternahm, zeigte er uns, wo die meisten Veilchen blühten. Im Herbst sammelten wir mit ihm Kastanien unter den großen Bäumen am Wegkreuz. „Damit basteln wir jetzt", sagte er. In seiner Wohnung zeigte er uns dann, wie man mit Hilfe von Streichhölzern Männchen oder Tiere aus Kastanien basteln konnte.

Er brachte mir auch bei, wie man aus einem Stück Papier einen spitzen Hut oder auch Schiffchen falten konnte. Aus einem Taschentuch faltete er Hörner, die er sich vor die Stirn hielt. Dabei muhte er wie eine Kuh. Das brachte uns zum Lachen, und wenn wir lachten, dann war auch er glücklich.

Eines Morgens, als wir zwei Kinder zu ihm kamen, hatte Herr Gurgels gerade große Wäsche. Es sah sehr komisch aus, wie er die Wäsche in einer großen Zinkwanne voll Lauge mit einem Wäschestampfer bearbeitete. Von daheim kannte ich nur ein Waschbrett, auf dem die vorher gekochten, sehr schmutzigen Handtücher aus der Backstube, die Bäckerschürzen und Hosen meines Vaters mit einer Wurzelbürste geschrubbt wurden. Außerdem hatten wir schon eine elektrisch angetriebene Waschmaschine, deren Bottich aussah wie ein riesiges halbes Weinfass. Gurgels besaßen aber keine Waschmaschine, und so musste die Wäsche sehr mühsam gestampft werden. Der Wäschestampfer sah aus wie zwei große Saugglocken, die übereinander gestülpt und an einem langen Stiel befestigt waren. Beim Herunterdrücken presste sich die Lauge aus der Wäsche und beim Hochziehen sog sie sich wieder voll.

Wenn wir erschienen, ließ Herr Gurgels sofort alle Arbeit ruhen, es sei denn, wir konnten ihm dabei helfen. Das traf zum Beispiel beim Kartoffelschälen zu. Dann saß meine kleine Schwester auf dem Schoß des alten Herrn und ließ die

**Meine Schwester Gertrud und ich auf der Treppe
vor unserem Haus**

Schale langsam über ihre Hand gleiten, während Herr Gurgels sich bemühte, sie möglichst nicht abreißen zu lassen. Er konnte alle Dinge so interessant machen, sogar das Schälen der Kartoffeln oder der Äpfel.

Auch Märchen konnte er gut erzählen. Dann hörten wir gespannt und aufmerksam zu. Gertrud war ungefähr zwei Jahre alt. Wenn ein Popel in der Nase sie ärgerte, faltete Herr Gurgels ein Taschentuch ganz spitz, drehte die Spitze so lange behutsam in das kleine Nasenloch, bis er den Schleim erwischt hatte und ihn freudestrahlend zeigte. Irgendwie schaffte er es, dass Gertrud stillhielt, nicht weinte und nicht zappelte

Auch sonst war Herr Gurgels sehr geschickt. Er verrichtete sämtliche Hausarbeiten. Wenn seine Frau von der Arbeit nach Hause kam, hatte er das Essen vorbereitet. Die Kartoffeln standen geschält im Topf und das Gemüse war geputzt. In seinem kleinen Garten, der direkt ans Haus grenzte, wuchsen viele Blumen. Auch Gemüse aller Art hatte er angepflanzt. Gertrud und ich fühlten uns wohl bei ihm, und es drängte uns nicht nach Hause.

*

Tante Trautchen

Morgens auf dem Weg zu Gurgels kamen wir am Haus von Tante Trautchen vorbei. Sie hatte dort einen kleinen Lebensmittelladen, einen „Tante-Emma-Laden", würde man heute sagen. Wer den Laden betrat oder verließ, wurde durch lautes Bimmeln der Türglocke angekündigt oder verabschiedet. Wenn Tante Trautchen nichts im Laden zu tun hatte, kam sie aus der Küche von nebenan, stieg auf den Lattenrost, der auf dem Boden lag. Dadurch stand sie etwas höher. Sie begrüßte mich freundlich, beugte sich über die Theke und fragte: „Was musst du denn holen?" Es war meistens das Gleiche. Rübenkraut, das ich sehr mochte, füllte sie aus einem großen Eimer mit einem Löffel in ein Glas, das ich mitgebracht hatte. Auch für den Senf, den ich einkaufen sollte, brachte ich ein Glas mit, das sie auffüllte. Ebenso tankte sie mein mitgebrachtes Maggifläschchen aus einer großen Flasche nach. Sauerkraut wickelte sie zweimal in Pergamentpapier ein, damit es bis zu Hause nicht durchweichte. Suppennudeln und Grießmehl waren in kleinen Päckchen schon fertig verpackt. Salz, Mehl, Zucker oder Reis wog sie für die Kunden in rotbraune Tüten ab. Doch die letztgenannten Lebensmittel brauchte ich nie zu kaufen, denn die hatten wir in der Bäckerei in großen Mengen.

Tante Trautchen, die Schwester meiner Mutter,
mit ihren Söhnen Mathias, Erich und Josef

Auf der Theke fehlten natürlich auch die großen Bonbongläser nicht. Ein Bonbon schenkte sie mir immer für den Rückweg. Tante Trautchens Ehemann galt nach dem Zweiten Weltkrieg als vermisst. Sie hat es nie glauben können, dass er nicht mehr nach Hause kommen würde. Deshalb hat sie, wie mein Vater mir später erzählte, mehrmals eine Wahrsagerin aufgesucht. Tante Trautchen stand nach dem Krieg ganz alleine da mit ihren drei Söhnen. Als sie aus der Evakuierung zurückkam, war auch ihr Haus zum Teil zerbombt. Ihr ältester Sohn, er war gerade 17 Jahre alt, lieh sich ein Pferd mit Wagen bei einem Bauern aus, um den Schutt abzufahren. Als der Karren voll beladen war, fuhr er mit seinem jüngeren Bruder los. Er trieb das Gespann mangels Erfahrung zu heftig an, und so war das Unglück vorhersehbar. Mit dem schwer beladenen Wagen raste das Pferd den Berg hinunter, konnte unten die Kurve nicht mehr nehmen und der Karren schleuderte krachend gegen eine Hauswand. Beide Kinder flogen herunter. Erich, der jüngere, kam mit dem Schrecken davon, aber Josef wurde zwischen Karren und Hauswand zerquetscht. Er war auf der Stelle tot. Das war der nächste große Schicksalsschlag für Tante Trautchen. Sie hat lange gebraucht, um den Verlust von Ehemann und ältestem Sohn zu verkraften.

*

Vetter Erich hat Leukämie

Aber das war noch nicht alles Leid, das sie hat ertragen müssen. Ihr zweiter Sohn Erich, ein stattlicher, kräftiger junger Mann, erkrankte mit 18 Jahren an Leukämie. Er war zu dieser Zeit in einer Kaufmannslehre. Es fing damit an, dass er seine mitgenommenen Pausenbrote, die für den langen Arbeitstag bestimmt waren, wieder mit nach Hause brachte. Er wurde zusehends blasser und nahm rapide an Körpergewicht ab. Auch in der Klinik in Köln, wo ich ihn mit meinen Eltern und meiner kleinen Schwester Gertrud besuchte, konnte man ihm nicht mehr helfen. Gertrud mochte er besonders gerne. Als er später todkrank zu Hause im Bett lag, schauten Gertrud und ich auf dem Weg zu Herrn Gurgels immer zu seinem offenen Schlafzimmerfenster hinauf. Gertrud rief dann ganz laut: „Ejisch, Ejisch!" Und von oben tönte es zurück: „Kingchen!" Meine kleine Schwester war gut zwei Jahre alt und konnte damals den Namen Erich noch nicht richtig aussprechen. So rief sie halt Ejisch, und Erich wusste, wer da von der Straße her grüßte. Auf dem Heimweg besuchten wir unseren kranken Vetter Erich manchmal. Der freute sich sehr, wenn er uns sah.

Kurz vor seinem Tod ließ er über seine Mutter ausrichten, wir möchten ihn noch einmal besuchen. Diese letzte Begegnung vergesse ich nie. Leichenblass lag er in seinem Bett. Das Fenster stand offen. Sein Zimmer war sehr ordentlich aufgeräumt. Über die dunkelrote Steppdecke war am oberen Ende ein weißes, mit Lochmuster gearbeitetes Überschlaglaken gerade gezogen. Nur Erichs Kopf schaute heraus. Die schwarzen Haare hatte man ihm akkurat mit einem Scheitel zur Seite gekämmt. Tante Trautchen trat neben ihn und sagte: „Erich, Erich, hier sind die Kinder." Ein Lächeln umspielte seinen Mund und er hauchte: „Kingchen." Seine Mutter schob die Bettdecke ein wenig zur Seite und nahm seine bleiche Hand. Etwas zögernd streichelten wir sie, und Erich schien zufrieden. Tante Trautchen hob, noch bevor wir das Zimmer verließen, die Decke am Fußende hoch und fühlte an Erichs Füßen. „Seine Füße sind eiskalt", stellte sie fest und zog ihm noch ein Paar dicke Schafwollsocken an. Aber auch diese wärmten seine Füße nicht mehr. Erich ist wenige Stunden später verstorben. Zwei Stunden vor seinem Tod war er noch bei vollem Bewusstsein und hat seine Mutter noch gefragt: „Mama, muss ich nun sterben?"

Nur wer selbst Kinder hat, kann ermessen, was das für eine Mutter bedeutete. Es wurde eine große Beerdigung, an der fast das ganze Dorf teilnahm, denn Erich war sehr beliebt. Auch sein Grabstein war einmalig, ein Kreuz aus weißem Marmor mit einem kleinen Bild von Erich. Es stand bis 1998 auf dem Friedhof an der Kirche in Niedermerz. Tante Trautchen selbst ist später an ihrer Zuckerkankheit gestorben.

*

Eine Schüssel voller Ferkel

Im Nachbarort Schleiden, zirka drei Kilometer von Niedermerz entfernt, wohnte Tante Anna, eine weitere Schwester meiner Mutter, mit Onkel Josef und den beiden Kindern Käthe und Kasper. Alle vier bewirtschafteten gemeinsam ihren Bauernhof. Neben Pferden und Schweinen besaßen sie auch einen Stall voller Kühe und Kälber. Mit Tieren umzugehen, darin hatte ich ja schon Erfahrung bei Onkel Hubert gesammelt. Darum fühlte ich mich auch auf dem Hof von Tante Anna wohl.

Eines Tages waren alle anderen bei der Feldarbeit. Nur Tante Anna und ich waren zu Hause. Eine Sau sollte ferkeln. Wir hatten schon mehrmals nach- geschaut, aber es tat sich nichts. Langsam wurde ich schon ungeduldig, denn ich hatte noch nie gesehen, wie kleine Schweine zur Welt kamen. Tante Anna meinte, ich könnte ruhig dabei sein, und ich freute mich sehr. Auf einmal war es so weit. Tante Anna trug eine große Schüssel und viele frisch gewaschene blaue Handtücher in den Stall. Ich wich nicht von ihrer Seite, denn ich wollte nichts verpassen. Das dicke, fette Schwein lag der Länge nach im Stroh und grunzte vor sich hin, gleichmäßig wie im Takt. Wir knieten uns nahe am Hinterteil nieder. Die Schüssel mit den Tüchern stand neben uns. Tante Anna fühlte noch einmal auf den Bauch der Sau und sagte: „Es geht gleich los", Sie hatte Recht. Das Schwein drückte einmal kurz, und schwupp, ein Schweinchen war draußen. Die Tante fing es auf und rieb es mit einem Handtuch trocken. Sie hatte es kaum in das Handtuch gewickelt und in die Schüssel gelegt, da kam auch schon das nächste zur Welt. Es war ein kleines Wunder, wie ein

**Das bin ich in Schleiden auf dem Bauernhof
bei Tante Anna und Onkel Josef**

Schweinchen nach dem anderen geboren wurde. Die Geburt ihrer Jungen ertrug das Mutterschwein offensichtlich sehr gelassen. „Warum legst du die kleinen Tiere denn in die Schüssel?", fragte ich. „Damit sie nicht zu der Alten krabbeln können. Wenn die sich nämlich herumwälzt, könnte sie unbewusst ihre eigenen Kinder erdrücken", erklärte mir Tante Anna.

Die Schüssel war bald voller Schweinchen. Darum wollte ich wissen, wie viele Schweinchen noch geboren werden. „Das weiß man nie so genau", entgegnete meine Tante, „wir hatten schon mal 14 Stück aus einem Wurf." Aber dieses Mal waren es nur zwölf kleine rosa Ferkelchen.

Nach einiger Zeit richtete sich das Mutterschwein langsam auf. Das war ein Zeichen dafür, dass die Geburt zu Ende war und die Kleinen eins nach dem anderen an die Zitzen gelegt werden konnten. Dazu musste sich das Muttertier erst wieder hinlegen. Das war ein unvergessliches Bild, als die kleinen Schweinchen alle am Euter ihrer Mutter hingen. Es kam auch vor, dass ein Kleines seine Zitze verlor, dann legte Tante Anna es wieder an. „Morgen finden sie schon alleine das Euter ihrer Mutter", sagte sie. Bald schliefen alle friedlich, ganz dicht aneinander gedrängt, im frischen Stroh. Am späten Nachmittag, als Onkel Josef mit Kasper und Käthchen vom Feld nach Hause kamen, erfuhr meine Cousine, dass ich kleines Mädchen die Geburt der Ferkel miterlebt hatte. Käthchen begann, fürchterlich mit ihrer Mutter zu schimpfen. „Es gehört sich nicht, dass kleine Kinder so etwas mit ansehen", keifte sie ihre Mutter an. Es war für sie unfassbar, ja unmoralisch, dass ihre Mutter mich so selbstverständlich bei einer Schweinegeburt hatte zuschauen lassen. In aller Ruhe entgegnete ihr Tante Anna: „Da ist doch nichts dabei. Das ist doch etwas ganz Natürliches. Ich weiß gar nicht, warum du dich so aufregst." Die beiden Männer hatten sich aus dem Streit herausgehalten. Sie grinsten nur und dachten sich wohl ihren Teil. Mir schien, dass sie mit ihrem Schweigen wohl eher der Entscheidung von Tante Anna zustimmten.

Kleine junge Tiere lösen wohl bei den meisten Menschen ein „Oh" und „Ah" aus, so auch bei mir. Die zwei kleinen Kälber, die wir „Nüttchen" nannten, liebte ich sehr. Wann immer sich die Gelegenheit bot, war ich bei ihnen und streichelte sie. Irgendwie taten sie mir Leid, weil sie alleine in einer Ecke im Stall standen und nicht bei ihrer Mutter sein durften. Für die Bauern waren Kühe reine Zuchttiere und wertvolle Milchlieferanten. Nicht für mich. Meine Cousine Käthe und ich führten an einem schönen Sommertag die beiden Kälber hinaus auf die Wiese. An einem Strick, den wir ihnen um den Hals gebunden hatten, zogen wir sie hinter uns her. Käthe hatte ihren Fotoappa-

rat mitgenommen, um mich mit meinen beiden kleinen Freunden zu foto-
grafieren. Umrahmt von zwei schwarz-weißen Kälbchen, die ich an Stricken
festhalte, lächle ich etwas scheu, aber wohl recht glücklich in die Kamera
   Meine fein geflochtenen Zöpfe, meine bunte Latzschürze, mein kurz-
ärmeliger Pulli, mein bis zu den Knien reichendes Röckchen und meine
Schnürschuhe waren für die Arbeit auf dem Bauernhof ein wenig zu fein,
aber für ein Foto gerade richtig, fand Cousine Käthe.

*

Feldarbeit

Wenn den Bauern bei ihrer Arbeit auf dem Feld der Regen drohte, war
ihnen jede Minute kostbar. Dann nahmen sie sich nicht einmal Zeit, das
Mittagessen zu Hause einzunehmen. Sobald die Kirchturmglocken zu Mit-
tag läuteten, waren die Frauen mit dem Essen und Geschirr auf dem Feld.
Man betete den „Engel des Herrn" und ließ es sich in freier Natur munden.
   Hatten die Männer Zeit, ihr Mittagsmahl zu Hause einzunehmen, dann
stand eine große Pfanne voll Bratkartoffeln auf dem Tisch. Dazu gab es Rote
Bete und gebackenes Rührei.

Ich hatte die Angewohnheit, beim Essen meinen Kopf mit der linken Hand
abzustützen. Das konnte Tante Anna nicht leiden. Sie schlug mir einmal
mit dem Schöpflöffel gegen den Ellenbogen und sagte: „Du brauchst deine
Knolle nicht abzustützen, die fällt nicht ab." Damit hat sie mir diese dumme
Angewohnheit abgewöhnt.

Nach dem Essen, während die Frauen aufräumten und spülten, legten die
Männer eine kurze Pause ein. Onkel Josef verschränkte seine Arme auf dem
Tisch und legte seinen Kopf darauf. In wenigen Minuten war er eingeschla-

fen und schnarchte laut. Das war nicht verwunderlich, denn die körperlich schwere Arbeit der Männer auf dem Feld dauerte von Sonnenaufgang bis Sonnenuntergang. Der Pflug wurde zwar von einem Traktor gezogen, aber gesät, gedüngt und Unkraut gehackt wurde von Hand, genau wie später das Einbringen der Ernte. Die Zuckerrüben wurden mit einem kleinen, fast herzförmigen Spaten ausgehoben. Das Laub jeder einzelnen Rübe wurde dann von Hand mit einem sichelförmigen Messer abgehackt. Nun wurden die Rübenblätter in die Nähe des Hofes transportiert und dort aufgeschichtet. Die Blätter verfaulten und dienten im Herbst und Winter als Viehfutter. Die Rüben wurden auf einen Anhänger, den der Traktor zog, geladen und zur Zuckerfabrik gebracht. Von dort nahmen die Landwirte die ausgelaugten Zuckerschnitzel teilweise wieder mit nach Hause und verwendeten sie ebenfalls als Viehfutter.

Der Rübenanbau war intensive und schwere Handarbeit. Um im Frühjahr die gesäten Rüben zu vereinzeln, krochen Frauen, Männer und Kinder auf den Knien Reihe um Reihe über das Rübenfeld und zogen im Umfeld des Pflänzchens, das sich am besten entwickelt hatte, die übrigen jungen Rübenpflanzen aus. Auch das Unkraut wurde gleich mit herausgerissen. Dann musste das Rübenfeld noch zweimal geharkt werden, damit der Boden aufgelockert und nachgewachsenes Unkraut ausgehackt werden konnte.

Heute gibt es Einzelsamen. Die Rübenpflanzen stehen gleich im richtigen Abstand und das Unkrautjäten besorgen Maschinen. Die Zeiten der schweren Feldarbeit sind noch gar nicht so lange vorbei. Nur wenige Menschen machen sich heute noch Gedanken darüber, wie viel Arbeitsaufwand nötig ist, bis unser tägliches Brot auf dem Tisch liegt, wenn auch vieles leichter und einfacher geworden ist.

*

Onkel Josef wird frisiert

74

Wenn in Schleiden Kirmes war, hatte Tante Anna immer viele Gäste. Ich kann mich gut an ihren herzhaften Kartoffelsalat mit selbst gerührter Mayonnaise erinnern. Hinterher gab es für die Erwachsenen selbst zubereiteten Eierlikör. In einer großen Holzschüssel wurden viele Eigelbe und Zucker mit einem Holzlöffel kräftig verrührt. Nach und nach wurde dann klarer Schnaps zugegeben. Diese Spezialität wurde besonders von den Frauen geschätzt, die dann nach einigen Gläschen sehr fröhlich und lustig wurden.

Spaß gab es auch, wenn ich Onkel Josefs Friseurin sein durfte. Seine Haare waren immer sehr kurz geschnitten. Nur oben auf dem Kopf ließ er sie etwas länger wachsen. Manchmal standen sie ihm zu Berge, und ich fragte ihn, ob ich ihm nicht ein paar Lockenwickler in sein Haar drehen sollte. Josef war ein geduldiger, ruhiger Mann. Wenn er dann abends in seinem Armstuhl im kleinen, warmen Zimmer gemütlich halb dösend mit dem Kopf an die Wand gelehnt saß, kletterte ich dem großen, gewichtigen Onkel auf den Schoß. Die Lockenwickler aus Metall, etwa so dick wie ein kleiner Finger, lagen auf dem Tisch bereit. Onkel Josef tat, als ob er schliefe, und bewegte seinen Kopf mal zu der einen, mal zu der anderen Seite. „Halt doch bitte mal still", bettelte ich, „ich will dir doch nur zwei Röllchen in dein Strüffchen drehen." Ein Grinsen ging über sein Gesicht und er hielt still. Schnell tauchte ich den bereitliegenden Kamm in ein Glas Wasser, machte die Haare ein wenig nass und versuchte, den ersten Wickler einzudrehen. Ich war noch nicht ganz fertig, da schüttelte er unter leisem Singsang und mit geschlossenen Augen seinen Kopf und die Wickler fielen wieder heraus. „Oh nein, halt doch mal still, so kann ich das nicht", bettelte ich und er hielt wieder still. Sofort war ich wieder am Werk.

Es war gar nicht so einfach, die kurzen, störrischen, dicken Haare um das Röllchen zu wickeln. Aber irgendwie schaffte ich es. Der Onkel schnarchte sogar. Ich kletterte von seinem Schoß und bewunderte mein Werk. Sah der ulkig aus! Alle im Zimmer lachten. Aber schon schüttelte er seinen Kopf und die glatten Metallwickler rollten zu Boden. Bald döste er wieder ein oder stellte sich wenigstens schlafend. Ich versuchte mein Glück aufs Neue. Doch diesmal ging ich anders vor. Ich bat Tante

Anna um ein Haarnetz, das ich über seinen Kopf streifte, nachdem ich ihm die Röllchen eingewickelt hatte. Wie komisch der Onkel doch jetzt aussah! Er ertrug den seltsamen Kopfschmuck wenigstens so lange, bis er zu Bett ging.

*

Auch Mädchen können Traktor fahren

Meistens machte ich etwa eine Woche Ferien in Schleiden. Etwas Heimweh bekam ich höchstens, wenn Kaspar mit mir zanken wollte. Dann provozierte der Vetter mich, indem er sagte: „Das Brot, das wir hier essen, ist vom Bäcker Merken. Das schmeckt viel besser als eures, und deren Brötchen sind auch leckerer. Zudem haben die Merkens eine viel modernere Bäckerei als deine Eltern. Worauf legt ihr eure Brote, wenn sie geformt sind?"

„Auf saubere, mehlbestaubte Jutesäcke", antwortete ich wahrheitsgemäß. „Die schneidet meine Mutter auseinander und säumt sie um, sodass daraus lange Tücher werden. Zudem werden sie oft gewaschen, damit sie immer sauber sind."

„Das ist aber altmodisch! Merkens legen ihre Brote auf weiße Leinentücher. Jetzt weißt du, wie modern sie dort arbeiten", antwortete Kaspar hochmütig.

Was hieran Dichtung und Wahrheit war, habe ich nie herausgefunden. Eines stimmte: Die Familie meines Onkels bezog auch Backwaren vom Bäcker Merken, denn man war miteinander befreundet. Außerdem lieferte Onkel Josef einen Teil seines Roggenschrotes an diese Bäckerei.

Am nächsten Tag waren die Sticheleien wieder vergessen. Das bewies Kaspar, als er mir zutraute, den Traktor zu fahren. Bei der Getreideernte wurde jede Hand gebraucht. Deshalb zeigte Kaspar mir auf dem Feld, wie man die

76

Kupplung tritt, wie man mit dem anderen Fuß Gas gibt und dann die Kupplung langsam kommen lässt. Mein einziges Problem waren meine kurzen Beine. Ich musste auf dem Traktorsitz sehr weit nach unten rutschen, um an die Pedale zu kommen, die für mich ziemlich schwer zu treten waren. Am Abend hatte ich eine Schürfwunde im Rücken von der Rückenlehne des Fahrersitzes. Der war nämlich so abgeschlissen, dass die Eisenteile durchkamen. Aber das war für mich kein Grund zum Jammern. Im Gegenteil, ich war sehr stolz, den großen Traktor mit zwei Anhängern voll Getreide Stück für Stück alleine auf dem Feld weiterfahren zu dürfen. „Du bist uns wirklich eine große Hilfe", lobte Kaspar mich. „Wenn du den Traktor fährst, kann ich mit aufladen. Dann sind wir schneller fertig."

„Weiter!", kommandierte Kaspar. Ich trat auf die Kupplung, legte den Gang ein, gab etwas Gas und ließ langsam die Kupplung kommen. Etwas stotternd setzte das Gespann sich wieder in Bewegung.

*

Ferien in der Metzgerei

Ebenfalls in Schleiden wohnten Onkel Josef, ein Bruder meines Vaters, und Tante Tinni, die eine Metzgerei betrieben. Dort verbrachte ich auch einmal meine Ferien. Der Schlachthof lag gleich hinter dem Wohnhaus und Laden. Onkel Josef war ein sehr wortkarger Mann. Deshalb war ich anfangs etwas zurückhaltend ihm gegenüber. Doch ich merkte schnell, dass er mich mochte. Morgens früh durfte ich mit ihm in die Wurstküche. Dort löcherte ich ihn mit meinen Fragen. Er zeigte mir alle Geräte, Handwerkszeuge, Gewürze und Zutaten, den Kutter, der so groß war wie unsere Teigmaschine, die Wurstmaschine und die langen Messer, die er gekonnt vor dem Gebrauch an einem Stahlstab wetzte. In einer großen Zinkwanne wurden die Naturdärme, das heißt die Därme von Kühen und Schweinen, mehrmals mit sauberem Wasser ausgewaschen, bis das Wasser klar blieb. Dann zog er ein langes Stück Darm auf den Fleischwolf auf und füllte die Fleischstücke oben in den Trichter der Maschine, die sie zu Mett zerkleinerte und in den aufgezogenen Darm stopfte.

„Darf ich auch mal drehen?", fragte ich. Weil ich noch etwas klein war, schob er eine Kiste an den Tisch. Ich stellte mich darauf und konnte nun die Kurbel drehen. Mit großen Augen sah ich, wie der Darm sich füllte. Onkel Josef lobte meine Ausdauer. Währenddessen bearbeitete er die lange Wurstschlange, die aus der Maschine kam, indem er den Wurstdarm in kurzen Abständen geschickt verknotete. So entstanden Bratwürste in pfannengerechter Größe.

Onkel Josef holte seine Schlachttiere bei den umliegenden Bauern. Einmal durfte ich mitfahren. Er begutachtete sehr genau jedes Tier. Dabei ging er mehrmals um das Vieh herum und befühlte es. „Eine Schlachtkuh darf nicht zu fett sein, sonst haben wir zu viel Fett und Abfall daran, aber auch nicht zu alt und zu mager, sonst ist das Fleisch zu zäh", belehrte er mich. Bei einer Kuh standen am Hinterteil die Knochen stark hervor. „Dat es en au Plauz", stellte er fest. Was immer das auch hieß, die Kuh taugte nichts, sie war zu alt und knochig.

Mein Onkel schlachtete alle Tiere selbst, nur gezeigt hat er es mir nie. In seinem Schlachthaus war es immer pieksauber. Nach jedem langen Arbeitstag schrubbte er den Boden mit heißem Wasser, das er vorher auf einem Herd in der Waschküche kochen musste. Heißes Wasser aus dem Wasserhahn gab es nicht. Vor den Fenstern in der Wurstküche war Fliegendraht angebracht. „Die Fliegen sind unser größter Feind", sagte er. „Wenn sie ihre Eier auf dem Fleisch ablegen, verdirbt es schnell." Das kannte ich von zu Hause. Wenn auf unserem geräucherten Knochenschinken die Fliegen ihre Eier ganz nah am Knochen abgelegt hatten, war er bald verdorben, denn nach kurzer Zeit krochen kleine weiße Maden heraus und man musste den Schinken wegwerfen. Deshalb verschnüren die Metzger ihren Schinken auch in rotkarierte Leinensäckchen.

Tante Tinni war sehr kinderlieb. Sie las uns jeden Wunsch von den Augen ab, worüber Onkel Josef manchmal schimpfte. Aber das war ihr egal. Onkel Josefs und Tante Tinnis Sohn hieß wie der Vater auch wieder Josef. Er erlernte ebenfalls den Beruf des Vaters: Metzger. Seine Fleisch- und Leberwurst und seine Pasteten waren auch im Umkreis von Schleiden für ihre gute Qualität bekannt.

Tante Tinni war die Schwester von Onkel Huberts Frau Leni. Eine Schwester meines Vaters hat einen Mann aus der Familie Buschhaus geheiratete. Drei Bremens-Geschwister heirateten also drei Buschhaus-Geschwister.

*

Volksschule in Niedermerz

Von unserem Haus aus konnte man die Schule sehen, die ich vom ersten bis vierten Schuljahr besuchte.

Etwa 300 Meter die Straße hinunter, an Siegers Wirtschaft, an Tante Trautchens Laden und an der Kirche vorbei, führte mein Schulweg.

In dieser Volksschule gab es zwei Klassenräume, in denen je vier Schuljahrgänge unterrichtet wurden. Meine Lehrerin, Frau Maria Maskulinsky, betreute das erste bis vierte Schuljahr. Der Schulleiter, Herr Michels, war Lehrer der fünften bis achten Klasse. Für so verschiedene Schülerjahrgänge in einem Klassenraum verantwortlich zu sein war sicher keine leichte Aufgabe für die Lehrpersonen. Beide hatten auch ihre Wohnung im Schulgebäude, an der einen Seite Herr Michels mit Frau und Kindern, an der anderen Seite Frau Maskulinsky mit ihrer Mutter. Die Lehrerin war aus dem polnisch besetzten Gebiet zu uns nach Niedermerz gekommen.

Meine Schulklasse in Niedermerz mit unserer Lehrerin Maria Maskulinski

Meine Schwester Ingrid hielt große Stücke auf ihren Lehrer und er wohl auch auf sie. Das war kein Wunder; denn Ingrid war immer eine gute Schülerin. Sie ging gern zur Schule.

Bei mir verhielt sich das etwas anders. Für mich war der Schulbesuch ein lästiges Muss. Trotzdem hatte ich immer ein gutes Zeugnis.

Eine Ausnahme gab es: In meinem Zeugnis des dritten Schuljahres stand eine Drei in Rechtschreibung. Viel gewichtiger aber war die Note „Befriedigend" im Betragen. Und die wurde unter „Bemerkungen" erklärt: „Finni schwätzt in Schule und Kirche." Eine Drei im Betragen war, besonders für ein Mädchen, eine mittlere Katastrophe. Ob es wohl an der Lehrerin lag? Sie war nicht mehr die Jüngste, trug immer altmodische Kleider, die oft etwas schmuddelig aussahen. Ihr nicht sehr gepflegtes Haar hatte sie im Nacken zu einem Knoten gesteckt. Am wenigsten gepflegt war ihr Hals. Wenn sie den Kopf reckte, sah man zwischen den vielen Falten schmutzige Ringe, die wohl daher kamen, dass sie sich mehrere Tage nicht gewaschen hatte. Aber am Morgen kontrollieren, ob unsere Finger sauber waren, das tat sie. Und wehe, die Nägel waren nicht sauber! Dann nahm sie ihren langen Rohrstock und schlug uns damit auf die Hände. Einmal nahm ich schnell meine Hand zurück und sie schlug daneben. Da ergriff sie schimpfend meine Hand, hielt sie fest und schlug kräftig zu. Natürlich habe ich geweint, denn es schmerzte sehr. Am liebsten wäre ich ihr in meiner Wut an ihren schmutzigen Hals gesprungen.

Frau Maskulinsky hatte eine weitere eklige Angewohnheit. Wenn sie Schnupfen hatte und ihr die Nase lief, ging sie zur Garderobe im hinteren Teil des Klassenzimmers und wischte sich die Nase an ihrem braun gemusterten Chiffonschal ab.

Da sind aber auch noch angenehme Erinnerungen an meine Lehrerin. Sie lehrte uns das Lied „Im Märzen der Bauer die Rösslein einspannt". Wir lernten sogar, es im Kanon zu singen, und ich kenne bis heute alle Strophen auswendig. Auch erinnere ich mich noch genau an den Stern, der mit grünen Farbtönen auf die Decke unseres Klassenzimmers gemalt war. Wie auf einem Kompass zeigte er die vier Himmelsrichtungen an. In die Haupt-Himmelsrichtungen wiesen größere, in die Neben-Himmelsrichtungen kleinere Spitzen. Dazu lehrte uns Frau Maskulinsky folgenden Merksatz: „Im Osten geht die Sonne auf, im Süden ist ihr Mittagslauf, im Westen will sie untergehn, im Norden ist sie nie zu sehn."

Das Klassenzimmer war sehr einfach eingerichtet. Auf einem etwa zehn Zentimeter hohen Podest waren hölzerne Schreibpulte und Sitze fest verschraubt. Störendes Geschiebe mit Stühlen, wie ich das später in der Aldenhovener Schule erlebte, war also gar nicht möglich. In unseren Schreibpulten war oben ein Viereck ausgespart, in das wir unser Tintenfass setzten, wenn wir ab dem zweiten Schuljahr mit Feder und Tinte schrieben.

Im ersten Schuljahr benutzten wir die Schiefertafel mit Schiefergriffel. Die Griffel spitzte meine Mutter mir jeden Tag mit dem Küchenmesser an. Um die Tafel abzuwischen, brauchte jedes Kind einen kleinen nassen

Schwamm, der in einer Blechdose aufbewahrt wurde. Zum Abtrocknen der Tafel hatte man einen gehäkelten Baumwollappen, der an der Tafel befestigt war. Dieser Lappen baumelte auf dem Schulweg an einer Kordel aus dem Schulranzen. Daran konnte jeder gleich erkennen, dass man noch ein Erstklässler war.

In jedem Klassenraum stand ein großer gusseiserner Ofen mit einem besonders langen Ofenrohr, das in Windungen bis zur Decke reichte und zum Kamin führte. Dadurch gab das Rohr zusätzliche Wärme ab. Im Winter stochte unser Schulmeister Plum eine Stunde vor Unterrichtsbeginn den Ofen an. Wer von uns Kindern Ofendienst hatte, brauchte dann nur noch ab und zu ein paar Briketts nachzulegen.

Auch einen Tafeldienst gab es. Wer dafür in Frage kam, musste schon etwas größer sein, denn sonst hätten die ausgestreckten Arme den oberen Teil der großen grünen Tafel mit den beiden ausklappbaren Seitenteilen nicht erreicht. Jeweils zwei Kinder hatten Tafeldienst. Einer wischte mit einem dicken roten Schwamm nass vor, der andere mit einem Lappen trocken nach. Das ganze dauerte bestimmt 10 bis 15 Minuten. Oft schimpfte Frau Maskulinsky: „Die Tafel ist wieder nicht sauber! Sie ist noch ganz grau und streifig von der Kreide. So kann man nicht darauf schreiben." Dann musste der Tafeldienst noch einmal ran. Weil das wieder einige Zeit in Anspruch nahm, war unsere Lehrerin an dem Tag wieder ungenießbar und wir hatten einiges auszubaden.

Eines Montags war Karl-Theo, der Sohn des Hausmeisters, der Sündenbock. Frau Maskulinsky nahm am Morgen den Tafelschwamm in die Hand, um etwas auszuputzen. Was sie sonst noch nie getan hatte: Sie roch an dem Schwamm. „Bah, der stinkt ja entsetzlich!", rief sie aus. „Der stinkt nach Urin!" Da stand für sie gleich fest: Das muss Karl-Theo gewesen sein, der sich da einen üblen Scherz erlaubt hatte. Am Wochenende musste nämlich der Schulmeister, also Karl-Theos Vater, die Tafel gründlich säubern, und Karl-Theo, der in die siebte Klasse ging, half seinem Vater oft in der Schule. Die Lehrerin rannte nach nebenan, um Herrn Michels, den Schulleiter, zu holen. Der musste auch an dem Schwamm riechen.

Schulfoto von mir. Das Buch ist eine Vortäuschung
falscher Tatsachen, als Kind habe ich nie gerne gelesen

Herr Michels redete auf seine Kollegin ein: „Beruhigen Sie sich doch erst einmal, Frau Maskulinsky. Der Schwamm stinkt zwar, aber ich glaube nicht, dass Karl-Theo so etwas tun würde. Dazu hat er viel zu viel Angst. Denn sein Vater würde ihn mit Gewissheit dafür sehr bestrafen."

Dem Herrn Michels war es sichtlich unangenehm, diese Diskussion vor der Klasse auszutragen. „Kann es nicht sein, dass der Schwamm länger nicht richtig ausgewaschen wurde und die Feuchtigkeit übers Wochenende den Rest dazu getan hat? Dann würde der Schwamm deshalb so stinken", versuchte der Lehrer zu beschwichtigen. Aber Frau Maskulinsky ließ sich nicht beruhigen.

„Das wird noch ein Nachspiel haben!", keifte sie weiter.

Tatsächlich hat sie Herrn Plum, Karl-Theos Vater, darauf angesprochen. Aber der hat zu seinem Sohn gestanden und ihr versichert, dass Karl-Theo an diesem Wochenende gar nicht in der Schule gewesen sei. Wir bekamen einen neuen Schwamm und die Sache war bald vergessen.

Solche unbegründeten Verdächtigungen haben Frau Maskulinsky bei den Dorfbewohnern nicht gerade beliebt gemacht, wo sie doch ohnehin fast keinen Kontakt zu den Einheimischen hatte.

Vier Jahrgänge in einer Klasse zu führen, das war eine schwierige Aufgabe. Singen konnten wir alle zusammen. Aber in den Fächern Deutsch und Rechnen mussten die Lehrpersonen der wenig gegliederten Landschulen genau planen, wann sie zwei Jahrgänge mit einer sinnvollen Stillarbeit beschäftigten, damit sie sich in dieser Zeit den übrigen zwei Jahrgängen aktiv zuwenden konnten, etwa um einen neuen Unterrichtsstoff einzuführen.

Dass da – und dies nicht nur bei mir – Wissenslücken blieben, spürte ich deutlich, als ich später in die fünfte Klasse der Aldenhovener Volksschule wechselte, wo für jeden Jahrgang eine gesonderte Klasse bestand. Aber meine sehr guten Leistungen in Mathematik haben mir immer wieder das nötige Selbstvertrauen gegeben, in anderen Schulfächern auch mit Lücken zu leben.

*

Erstkommunionfeier

Am 17.4.1955 ging ich zur ersten heiligen Kommunion. In jenem Jahr war die Zahl der Kommunionkinder sehr gering, es waren nur fünf Kinder. Johanna Kremer, meine Klassenkameradin und Freundin, war meine Partnerin. Zu diesem Fest bekam ich für den Sonntag ein weißes Kommunionkleid und für den Montag das „Zweide-Daachs-Kleed". Ein weißes Blütenkränzchen, die schwarzen Lackschuhe, ein weißes Beutelchen für Handschuhe und Taschentuch sowie die weißen Strümpfe wurden an beiden Tagen getragen. Zum Einkaufen fuhr meine Mutter mit mir eigens mit dem Zug nach Aachen, denn es sollte ja etwas Besonderes sein. Mein Kommunionkleid war aus dünnem weißen Stoff, der mit Rüschen besetzt war. Damit nichts durchschien, trug ich ein Unterkleid aus festem weißen Stoff. Besonders gut gefiel mir aber mein „Zweide-Daachs-Kleed", das Kleid für den Montag nach dem Weißen Sonntag. Es war aus hellblauem Wollstoff. Das Oberteil war besonders liebevoll gearbeitet. Es hatte vorne zwei Überwürfe, die am Rand mit einer weiß-dunkelblauen Borde mit Miniquasten besetzt war. Selbstverständlich musste an einem solchen Tag ein Fotograf kommen und das Ereignis im Bild festhalten.

Aber das sind nicht die einzigen Erinnerungen an meine Kinderkommunion. Wochen vorher begann meine Mutter schon mit den Vorbereitungen. Eine Köchin wurde bestellt, das Menü wurde festgelegt, die Lebensmittel dafür mussten besorgt werden. Das Fest wurde in unserer Veranda gehalten, genauso wie alle anderen Feste. Es wurden alle Tanten, Onkel, Cousinen, Vettern, Opas und Omas (Letztere waren meist Paten, deren Vornamen wir trugen), sonstige Verwandte und Freunde eingeladen. So kamen bestimmt 60 bis 70 Personen zusammen. Für so ein großes Fest mussten Gläser, Porzellan und Besteck geliehen werden. Auf die Dekoration legte meine Mutter großen Wert. Es durfte aber auch nicht viel kosten. So fertigten wir zum Beispiel viele kleine Blumenväschen aus ausgeblasenen Hühnereiern an. Damit sie fest standen, wurde unten ein Gardinenring angeklebt. Das Ganze strichen wir mit Goldbronze an. Die

Ich im Ersttagskommunionkleid

Blumen dafür pflückten wir auf der Wiese hinter unserem Haus. Die Fensterbänke rund um die Veranda und auch die Tische, die alle weiß eingedeckt waren, wurden mit den kleinen Goldväschen geschmückt. Von der Decke hingen weiß-grüne Papiergirlanden. Der ganze „Wintergarten" sah festlich aus.

Am Morgen des Weißen Sonntags ging die ganze Familie, auch Opa und Oma, gemeinsam zur Erstkommunionsmesse. Alle hatten ihren Sonntagsstaat angelegt. Die Messe begann schon um acht Uhr. Wer zur Kommunion gehen wollte, durfte vorher, so verlangte es damals eine kirchliche Verordnung, weder essen noch einen Schluck trinken. Da war es nicht verwunderlich, wenn es manchen Leuten in der Kirche übel wurde, besonders wenn die Messdiener kräftig mit dem Weihrauchfass schwenkten und die ganze Kirche mit Weihrauch einnebelten.

Die Kommunionkinder stellten sich draußen auf. Wir Mädchen trugen unsere weißen Kleider und die Jungen dunkelblaue Anzüge. Jeder von uns hielt seine Kommunionkerze mit einem kleinen Spitzentaschentuch in der Hand. Das wirkte schon sehr feierlich. Beim Einzug in die Kirche wurden die Kerzen angezündet und wir schritten langsam und andächtig hinter dem Pastor mit seinen Messdienern durch den Mittelgang zum Altar, wo wir unsere Kerzen abstellten. Dazu erklang festliche Orgelmusik. Wir nahmen unsere Plätze in den vordersten Bänken ein, die Mädchen rechts, die Jungen links.

Pfarrer Kann hielt eine feierliche Messe mit viel Gesang und Orgelspiel. Nach Predigt, Opferung und Wandlung nahte dann der Höhepunkt: Wir durften zum ersten Mal die Kommunion empfangen. Johanna ging vor mir. Wir hielten die Hände fest vor der Brust gefaltet, etwas steif vor lauter Auf-

Ich im Zweittagskommunionkleid

regung. Denn wir wussten, dass alle Leute in der Kirche uns beobachteten. Die Kommunionbank war mit einem dunkelroten Tuch bedeckt. Darüber lag eine schneeweiße, reich mit Stickerei und Hohlsaum verzierte Decke. Wir knieten vorschriftsmäßig mit gefalteten Händen nieder. Nun Augen zu, Mund auf, Zunge raus, und dann spürte ich, wie Pfarrer Kann mir die Hostie auf die Zunge legte. Sie schmeckte fast wie Esspapier. Wieder an meinem Platz angekommen, kniete ich nieder, legte beide Hände vors Gesicht, schloss die Augen und ließ die Hostie langsam im Mund zergehen. Nur ja nicht darauf kauen, das Brot war ja gesegnet und deshalb heilig. Auch das hatten wir im Kommunionsunterricht gelernt. Von jetzt an durften wir in jeder Messe zur Kommunion gehen. Ich fühlte mich ein ganzes Stück erwachsener durch dieses Privileg. Nur dass wir alle zwei bis drei Wochen beichten gehen mussten, damit unsere „Sünden" vergeben wurden, das gefiel mir gar nicht.

Nach der kirchlichen Feier begann das Fest zu Hause. Ich war sehr gespannt, was die Verwandten und Bekannten mir alles mitgebracht hatten. An einige Geschenke kann ich mich noch gut erinnern, weil ich sie gleich mehrfach bekam, nämlich Kulturtaschen, Poesiealben und Rosenkränze. Ein Gebetbuch und einige bunte Bälle in verschiedenen Größen waren auch dabei. Es war schon eine besondere Vergünstigung, wenn ich am zweiten Tag mit meinen Geschwistern und den anderen Kindern auf unserem Hof Ball spielen durfte. Denn eigentlich musste ein artiges Kommunionkind den ganzen Tag brav am Tisch sitzen bleiben. Da war die Andacht am Nachmittag eine willkommene Abwechslung.

An eine sehr lustige Geschichte erinnere ich mich gut. Meine Schwester Gertrud besuchte zu der Zeit den Kindergarten in Hoengen. Sie war immer etwas schüchtern und zurückhaltend. Umso mehr wunderten sich alle, als sie am späten Nachmittag plötzlich anfing, zu singen und zu tanzen. Sie führte uns den „Eifler Buredanz" vor. Dabei sang sie lauthals, stemmte ihre Hände in die Hüften und drehte sich im Kreis. Ihre dünnen Beine schwang sie dabei hoch in die Luft. Sie hatte feuerrote Bäckchen, die besonders auffielen, weil sie sonst sehr blass war. Als sie nach ihrer Tanzvorführung einmal kurz verschwand, ist ihr jemand auf die Schliche gekommen. Sie hatte nämlich in unserem Laden unter der Theke die Getränkevorräte entdeckt. Besonders gut hatte ihr wohl der Eierlikör geschmeckt, denn eine unserer Angestellten erwischte sie dabei, als sie sich die Flasche an den Kopf setzte. Daher kam also ihr ungebremstes Temperament! Anschließend arrangierte sie noch einige weitere Vorführungen, bei denen alle Kinder mittanzten. Alle hatten ihren Spaß, besonders die Erwachsenen. In dieser Nacht hat sie wohl besonders gut geschlafen, meine kleine Schwester Gertrud.

*

Puppentaufe

Unser Vetter Willi Kurth wohnte mit seinen Eltern, der Tante Anna und dem Onkel Willi, auf ihrem Bauernhof am Ende des Dorfes. Onkel Willi war der Zwillingsbruder meiner Mutter. Seinen Sohn nannten wir „kleine Willi", damit auch jeder wusste, ob Vater oder Sohn gemeint war. Kleene Willi, unser Vetter, war begeisterter Messdiener. Er kannte den Ablauf einer Messe samt den lateinischen Gebeten so gut, dass er einen Priester fast hätte ersetzen können. Er besaß auch eine Monstranz und einen kleinen Kelch. Diese Utensilien hatte seine Mutter ihm im Wallfahrtsort Kevelaer gekauft. Wenn er zu uns kam, baten wir ihn, seine Messgeräte mitzubringen.

Dann spielten wir Puppentaufe. In unserer Veranda wurde auf einer langen Bank der Altar aufgebaut. Über die Bank legten wir zuerst eine farbige Tischdecke und darüber eine kleinere weiße, genau wie in der Kirche. Willi stellte seine Monstranz und seinen Kelch auf. Daneben postierte er noch zwei kleine Kännchen mit Wasser und Wein, nein, mit Himbeersaft. Er selbst legte sich eine Decke als Gewand und einen langen Schal als Stola um. Unseren Puppen hatten wir die schönsten Kleidchen angezogen. Auch wir, meine Schwester Ingrid, meine Cousine Mia und ich, hatten uns mit alten Gardinen fein gemacht. Willi klingelte mit seiner kleinen Glocke und die Tauffeier begann.

Er hob die Arme, beugte sich nieder bis auf die Bank und murmelte dabei seine lateinischen Gebete. Dann drehte er sich um, breitete wieder die Arme aus und rief: „Dominus vobiscum!" Wir antworteten: „Et cum spiritu tuo." Keiner wusste, was es hieß, aber es gehörte zur Messe. Dann nahm Willi den Kelch und hob ihn hoch. Ein Plätzchen, das er vorher hineingelegt hatte, war die Hostie. Mit zwei Fingern hielt er sie fest und zeigte sie uns. Danach verteilte er die Plätzchenhostie genau wie in der Kirche an uns Puppenmütter.

Nach dieser Zeremonie begann die Taufe. Mein Puppenkind wurde zuerst getauft. Ich zog ihr das Mützchen aus und hielt sie über eine Schüssel. Willi sprach laut: „Ich taufe dich auf den Namen Erika." Dabei goss er aus dem Kännchen Wasser über den Kopf der Puppe. Sorgfältig wurde der Kopf wieder abgetrocknet, damit das Puppenkind sich nicht erkältete. Anschließend salbte Willi der Puppe Stirn, Mund und Ohren und streute ihr etwas Salz auf den Mund. Nachdem die beiden anderen Puppenkinder getauft waren, knieten wir drei Mädchen nieder und bekamen von „Pastor Willi" noch den feierlichen Segen mit der Monstranz. Meine Mutter und die Hausmädchen, die uns von fern beobachtet hatten, lächelten vor sich hin. Aber niemand störte unser Spiel.

*

Der Nikolaus kommt

Früher waren an Sonntagen vor Weihnachten die Geschäfte in der Stadt geöffnet. Die ganze Familie, sogar mein Vater, fuhr nach Aachen. Die Stadt war festlich geschmückt. Besonders der Kaufhof in der Adalbertstraße war nach damaligen Maßstäben einmalig dekoriert. Überall sah man Tannenbäume, reich mit Weihnachtskugeln, Sternen, Lametta und Engelshaar geschmückt. Solch große Christbäume hatte ich noch nie gesehen.

Aber am meisten freute ich mich auf den Nikolaus. Um ihm zu begegnen, mussten wir mit der Rolltreppe in die Spielwarenabteilung auf der oberen Etage fahren. Ich hielt mich an Vaters Hand, als wir die Rolltreppe betraten. Während ich ihm voller Begeisterung meine Erwartungen mitteilte, bemerkte ich nicht, dass ich Vaters Hand losgelassen und nach der Hand eines anderen Mannes gegriffen hatte. Ich redete weiter, wobei der fremde Mann geduldig meine Hand hielt. Als aber niemand auf meine Fragen antwortete, schaute ich hoch und sah voller Entsetzen, dass ich nicht mit meinem Vater, sondern mit einem wildfremden Mann unterwegs war. Für Sekunden krochen Angst und Panik in mir hoch. Doch als der fremde Herr über sein ganzes Gesicht lächelte und ich dicht hinter ihm meinen Vater entdeckte, der ebenfalls lächelte, fiel mir ein Stein vom Herzen.

Über solche kindlichen Erlebnisse können Erwachsene wohl lachen. Mir als Kind aber ist dieser Schrecken lange im Gedächtnis haften geblieben.

Als wir oben ankamen und Sankt Nikolaus geradewegs auf mich zukam, war alles wieder gut. Er sah wunderbar aus in seinem langen roten Mantel mit Kapuze. Dicke weiße Augenbrauen, einen langen weißen Bart, rote Backen und eine tiefe, ruhige Stimme hatte er. Vor ihm hatte ich überhaupt keine Angst.

Er erschien mir viel freundlicher als der Nikolaus, der uns am 6. Dezember immer zu Hause besuchte. Der brachte ja auch seinen Hans-Muff mit, den schwarzen, gefährlich aussehenden Knecht mit seinem großen Sack und der langen Kette, mit der er bedrohlich rasselte. Manchmal hingen auch ein paar Beine aus dem Sack heraus, sodass es aussah, als steckte schon ein böses Kind darin. Da sollte man auch keine Angst bekommen, wenn dieses Paar gegen die Tür klopfte und man zudem von einem etwas schlechten Gewissen geplagt wurde. Denn so lieb war man ja in letzter Zeit auch nicht immer gewesen.

Bei einem Nikolausbesuch ging Hans-Muff auf unser Hausmädchen los. Er rief: „Die hier, die ist bös gewesen!", und versuchte, sie in den Sack zu stecken. Maria wehrte sich natürlich und wir Kinder schrien und weinten vor Angst, verließen aber auch unseren Platz auf dem Sofa nicht. Dazu war unsere Angst zu groß.

Nichts von alledem war bei dem Nikolaus im Aachener Kaufhaus zu spüren, nein, im Gegenteil, die ganze Atmosphäre hier in den glänzend geschmückten Räumen mit den hunderttausend Spielsachen auf einer ganzen Etage war eine Pracht.

*

Puppenmütter

Ich war vielleicht sieben Jahre alt, als mir das Christkind zu Weihnachten eine Puppenküche brachte. Im Winter, wenn es draußen zu kalt war zum Spielen, holten wir die Puppenküche heraus und stellten sie auf unserem Küchentisch auf. Meine jüngere Schwester Gertrud und ich und meistens noch eine Freundin spielten dann Hausfrau und Mutter. Die Puppenküche war fast so groß wie unser Küchentisch. Sie hatte zwei Räume, Küche und Schlafzimmer und war nach vorne und oben offen. Wahrscheinlich hatte ein Bruder meiner Mutter, Onkel Hein, sie angefertigt, denn er war Schreiner. Die kleinen Möbel des Schlafzimmers waren blau, die der Küche hellgrün lackiert. Zwei kleine weiße Puppen und unsere zwei Negerpüppchen, die Opa Wilhelm uns aus Kevelaer mitgebracht hatte, waren die Bewohner. Wir nähten ihnen aus winzigen Stoff- und Spitzenresten Kleider, Jäckchen und sonstige Wäsche. Doch am liebsten kochten wir auf dem kleinen Küchenherd unser „Herz-Jesu-Süppchen". In einen winzigen Kessel füllten wir Wasser und setzten ihn auf die Feuerstelle des Herdes Den kleinen Spirituswürfel, er war etwa so groß wie ein Stück Würfelzucker, zündete uns meistens mein Vater an. Meinen Eltern war es zu gefährlich, uns alleine mit offenem Feuer hantieren zu lassen. Man musste ja auch Geduld haben, bis das erste Spiritussteinchen brannte. Und ehe das Wasser kochte, war es meistens schon abgebrannt. Dann bettelten wir so lange, bis ein anderer Erwachsener uns den nächsten Stein anzündete. Ins heiße Wasser kamen ein Stückchen Butter, klein gebrochene Fadennudeln und Salz. Nach zirka zehn Minuten war die Suppe fertig, wenn nicht zwischendurch das Feuer wieder ausgegangen war. Es kam schon mal vor, dass meine Mutter unser Süppchen auf ihrem Küchenherd fertig kochte, weil der Vorrat an Feuersteinen aufgebraucht war.

Gegessen wurde aus meinem kleinen Puppengeschirr. Das aber war zu groß für den Küchentisch der Puppenstube. Uns störte das nicht. Die Suppe schmeckte köstlich, besonders wenn wir sie noch mit Maggi gewürzt hatten. Das gab dem Menü erst den richtigen Geschmack. Mit dem Essen ließen wir uns Zeit. Wir genossen es einfach, mit den winzigen Löffeln unser selbst gekochtes Mahl zu verspeisen.

Einmal wäre beinahe die ganze Puppenstube abgebrannt. Das war aber die Schuld meines Vaters. Damit er nicht so oft kommen musste, um einen Feuerstein anzuzünden, legte er zwei Spiritussteine übereinander. Doch die Flamme war zu groß für unseren kleinen Herd und der Spiritus lief aus. Ein Stofflappen, den wir als Handtuch benutzt hatten, stand in Flammen. Da war das Geschrei groß. Da Mutter in der Nähe war, löschte sie schnell den Brand.

Bei solchen Spielen konnten wir die Zeit vergessen. Dann musste ein Erwachsener uns mahnen, doch nun bald aufzuräumen; denn der große Küchentisch wurde für das Abendbrot benötigt.

*

Den Opa eingesperrt

An Kurthe Opa kann ich mich noch gut erinnern, Kurthe Oma war schon tot, bevor ich geboren wurde. Opa Wilhelm, so hieß er, war mein Taufpate. Er war ein sehr lustiger Mensch und immer zu einem Scherz bereit. Er besuchte oft meinen Opa väterlicherseits. Zu den beiden gesellte sich dann noch Onkel Hubert aus der Mühle, der Bruder von Oma Josefine. Wenn diese drei zusammen waren, gab es immer etwas zu lachen.

Einmal im Jahr fuhr Kurthe Opa nach Kevelaer zum Wallfahrtsort der Mutter Gottes. Von dort brachte er uns immer etwas mit. In einem Jahr waren es kleine Negerpüppchen für unsere Puppenküche, zirka acht Zentimeter groß. Er gab sie uns nicht direkt, sondern er hielt sie hoch, in jeder Hand eins, und wir, meine Schwester Ingrid und ich, sprangen hoch, so hoch wir konnten, um die Püppchen zu erhaschen.

Das machte dem Opa Spaß. Er hielt seine Arme hoch über uns ausgebreitet und drehte sich im Kreis. Wir kreischten so lange, bis es ihn nervte. Dann endlich schenkte er uns die Püppchen. Sie waren nackt. Kleidchen mussten wir ihnen aus kleinen Stoffresten selbst nähen..

Opa Wilhelm aß gerne Gänseeier. Wir hatten auf unserem Hof einen kleinen Gänsestall mit vier Gänsen. Einmal wollte Opa einer Gans, die im Stall auf ihrem Nest saß, die Eier wegnehmen. Da sperrten wir Opa einfach ein. Wir schoben von außen den eisernen Riegel vor, und schwups, saß Opa im Gänsestall fest. Die Gans war ziemlich frech und fauchte ihn an. Ob er gebissen wurde, weiß ich nicht mehr. Ich erinnere mich nur noch, wie er mit seinem langen, schmalen Hals aus dem kleinen Fenster schaute und laut um Hilfe rief. Schließlich haben wir ihn befreit und sind schnell davongelaufen. Eine Strafe haben wir nicht bekommen, denn alle fanden, dass dem Eierdieb recht geschehen war. Und wir fühlten uns als Hüter des Rechtes.

*

Erbstreit

Ich war wohl etwa vier Jahre alt, als meine Eltern zu Kurthe Opa gerufen wurden. Er lag im Sterben. Meine Schwester Ingrid und ich durften die Eltern begleiten. Opa lag in seinem Bett, mit dem Oberkörper auf vielen Kissen hoch gebettet. Seine Wangen waren eingefallen, sein Mund stand weit offen, sein Gesicht war bleich. Er war schon nicht mehr richtig bei Verstand. Ab und zu rief er nach seiner Schwiegertochter Anna, die er sehr gemocht hatte und die ihn bis zu seinem Ende pflegte. Neben mir am Fußende des Bettes standen meine beiden Vettern Erich und Matthias. Als Opa wieder anfing, ,,Anna, Anna" zu rufen, mussten die beiden grinsen, ja beinahe lachen. Das nahm für mich ein wenig den Ernst der Situation. Kurze Zeit danach ist Opa gestorben.

Als kleines Kind begreift man ohnehin nicht, was es bedeutet, wenn jemand stirbt. Hinterher vermisst man den Verstorbenen sehr und stellt Fragen nach dem Wohin.

Sechs Wochen später wurde das Sechswochenamt gehalten und das Testament eröffnet. Die Aufteilung von Haus und Hof unter den acht Geschwistern war darin wohl festgeschrieben. Einige der Erben meinten dann allerdings, auch Opas Mobiliar müsse aufgeteilt werden. Das habe ich schon als Kind nicht einsehen können. Wäre es nicht selbstverständlich gewesen, das Inventar von Opas Wohnung der Tante Anna und dem Onkel Willi zu belassen, die Opa doch so liebevoll gepflegt hatten?

Soweit ich mich erinnere, forderten nicht die Kinder des Verstorbenen die Verlosung des Mobiliars, sondern die angetrauten Schwiegertöchter. Wie Furien kamen sie mir damals vor, als sie jedes Inventarstück auf einen kleinen Zettel schrieben, die Wanduhr, den Schrank, das Besteck, Tisch und Stühle, und diese Papierchen in einen schwarzen Zylinder warfen. Der Hut wurde hochgehalten, damit sich beim Losziehen ja niemand einen Vorteil verschaffen könne.

Das war so entsetzlich für mich, machtlos zuschauen zu müssen, wie unfair und böse Erwachsene doch sein konnten. Nach meinem kindlichen

Empfinden wäre es doch schöner gewesen, wenn Tante Anna und Onkel Willi diese Habseligkeiten bekommen hätten, weil sie Opa doch so liebevoll gepflegt hatten. Stattdessen wurde alles verlost und auseinander gerissen. Es war für mich, als würden die letzten Erinnerungen an meine Großeltern endgültig ausgelöscht, als hätten sie nie gelebt.

Dass jeder ein Andenken an seine Eltern haben wollte, hätte ich ja noch verstehen können. Aber diese Art und Weise der Teilung war mir zuwider. Ob sie wohl alle zufrieden waren mit dem, was ihnen das Los zugeteilt hatte? Meiner Mutter fiel die Wanduhr zu. Sie hat noch jahrelang bei uns im Wohnzimmer gehangen.

Als ich schon älter war, erzählte mein Vater mir, dass Onkel Willi, der als Landwirt den elterlichen Betrieb weiterführen sollte, sich nach der Testamentseröffnung beinahe umgebracht hätte. Er musste nämlich an seine Geschwister so viel Land abgeben, dass ihm kaum genug blieb, um als Landwirt zu existieren. Ich glaube, meine Eltern haben ihm damals mit Rat und Tat zur Seite gestanden.

Mit großem Fleiß haben Onkel Willi und seine Frau es trotz der Zersplitterung des Landbesitzes geschafft, aus Opas Erbe einen ansehnlichen Hof aufzubauen. Die meisten der Geschwister lagen nach der Erbauseinandersetzung im Dauerstreit. Fast keiner sprach mehr mit dem anderen.

Für meine Schwestern und für mich war dieser Erbstreit eine Lehre: So sollte es nach dem Tod unserer Eltern nicht zugehen.

*

Große Wäsche

Montags war Waschtag bei Bremens. In der Waschküche stand ein großer steinerner, terrazzoartig verkleideter Waschkessel. Er hatte einen Durchmesser von etwa 120 Zentimeter. Unter dem Kessel befand sich eine Feuerstelle. In dem oberen gusseisernen Türchen wurde das Feuer entfacht und aus dem unteren Türchen später die Asche herausgeholt. Es dauerte Stunden, bis die Wäsche kochte. Sie wurde mit Imi und Soda angesetzt. Auf unserem Küchenherd standen auch zwei separate Kessel mit Handtüchern aus der Backstube, die getrennt von der anderen Wäsche gekocht wurden, weil sie sehr schmutzig waren.

War die Wäsche fertig gekocht, so wurde sie mit Hilfe eines langen Holzlöffels und Holzzangen in die Waschmaschine gehievt. Die nasse Wäsche war sehr schwer, besonders die großen Teile. In dem hölzernen Waschmaschinenbottich drehte sich in der Mitte ein dreiarmiger Schlegel einmal rechts-, einmal linksherum. Dieser Einsatz war natürlich auch aus Holz. Die Bretter hatten Löcher. Damit wurde eine bessere Sog- und Druckwelle erzeugt. Wenn der Schlegel die Wäsche etwa eine halbe Stunde bearbeitet hatte, wurde sie durch die Wringe gepresst, die oben an der Waschmaschine befestigt war. Sie sah aus wie zwei Rollhölzer, die sich gegeneinander drehten, wenn man die Kurbel kräftig schwang.

Nun musste die Wäsche noch zweimal ausgespült werden, und zwar von Hand in einer großen Zinkwanne. Die Waschlauge aus dem Waschkessel und auch das Ausspülwasser wurden nicht weggeschüttet. Es wurde zum Schrubben und Putzen gebraucht. Die weißen Bettlaken breitete meine Mutter, wenn die Sonne schien, zum Bleichen auf der Wiese aus. Wehe, unsere Hühner oder Gänse kamen dann auf die Wiese. Dann hörte man meine Mutter schreien. Wenn das Federvieh nämlich seine Häufchen und Pfotenabdrücke auf der Wäsche hinterließ, war alle Arbeit und Plage umsonst gewesen und alles musste von Neuem beginnen.

Die Handtücher aus der Backstube wurden auf einem Waschbrett mit einer Wurzelbürste geschrubbt. Zusätzlich nahm man noch Kernseife, damit auch alles sauber wurde. Das letzte Ausrubbeln wurde dann mit den Händen gemacht. Da kann man sich vorstellen, wie die Hände nachher aussahen, ausgelaugt von Imi und Soda. Rücksicht darauf konnte keiner nehmen, denn Gummihandschuhe im Haushalt kannte man noch nicht. Besonders im Winter waren die Hände der Frauen ganz rau und rissig, auf den Knöcheln manchmal blutig. Meine Mutter war ja schon froh, dass sie eine Waschmaschine mit Motor hatte. Nicht motorisierte Waschmaschinen hatten oben auf dem Deckel eine lange Holzstange, die von Hand hin- und herbewegt werden musste. Auch die großen Wäscheteile brauchte meine Mutter nicht mehr von Hand zu wringen, denn auf ihrer Waschmaschine war ein Wringer befestigt. In Familien mit kleinen Kindern, die noch Windeln trugen, stand die ganze Woche über ein riesiger emaillierter Einkochkessel mit Kinderwäsche auf dem Herd, denn Fertigwindeln kannte man noch nicht.

*

Kirmes im Dorf

Kirmes war für das ganze Dorf ein festliches Ereignis. Für die Erwachsenen spielte im Saal bei Nießens oder bei Siegers eine Musikkapelle zum Tanz auf. Für uns Kinder waren die vielen Buden mit Süßigkeiten, Spielzeug oder Wurfspiele mit Ringen oder Bällen interessanter. Schiffschaukel oder Karussell fuhr ich am liebsten. Beim Karussellfahren konnte man eine Extrafahrt gewinnen, wenn man während der Fahrt den Lukas fing. Das war ein kleiner Gummiball, der an einer Schnur zappelte. Es gelang mir nur selten, ihn zu erhaschen, denn dazu hätte ich mich weit hinauslehnen müssen. Und das erschien mir zu gefährlich. Da fuhr ich lieber auf der

Schiffschaukel, solange und so hoch, bis die Stangen oben am Querbalken anstießen. Einmal hat mein Vater mich abends um halb acht von der Schaukel heruntergeholt. Ich fand es so schön, hin und her hoch in die Luft zu fliegen. Vor lauter Freude sang ich laut und vergaß dabei die Zeit. An einem anderen Kirmestag wollte mein Vater seine Schießkunst noch einmal ausprobieren.

Wo hatte mein Vater, der Bäckermeister, das Schießen gelernt?

Dazu hat er mir Folgendes erzählt:

Als junger Bursche war er oft sonntags morgens vor der Messe mit seinem Bruder Josef auf Kaninchenjagd gegangen. Onkel Josef war der Späher. Er entdeckte Kaninchen und Hasen, wenn auch nur ein Öhrchen aus dem Gras hervorschaute. „Dahinten liegt einer", sagte Onkel Josef und wies meinem Vater das Ziel. Ein lauter Knall durchdrang die sonntägliche Morgenstille und das Tier war erlegt. Die zwei gingen in Deckung und spähten, ob niemand sie entdeckt hatte, denn Wildern stand auch damals unter Strafe.

Dann nahmen sie das Gewehr auseinander, der eine bekam den Schaft, der andere den Lauf. Jeder versteckte ein Teil in seinen Hosenbeinen. Nun gingen sie wie die Unschuldslämmer zur Kirche. Natürlich konnten sie während der Messe wegen der versteckten Gewehrteile nicht niederknien. Darum folgten sie dem Gottesdienst aus der letzten, hinteren Ecke der Kirche. Nach der Messe holten die beiden Brüder die erlegte Beute und brachten sie zu ihrer Mutter. Die schimpfte zwar mit den beiden, freute sich aber heimlich auf den Hasenbraten.

Ich war vielleicht vier Jahre, da nahmen mein Vater und sein Geselle Peter mich mit zur Kirmes. Dort steuerte Vater ohne Umwege auf eine Schießbude zu, um seine Schießkunst auszuprobieren. „Da, wie wäre es mit dem großen Bären?", fragte er mich. „Oh ja, der gefällt mir", rief ich laut. Zuerst bekam mein Vater fünf Schuss, dann Peter fünf Schuss, dann wieder mein Vater, dann wieder Peter. Wie lange sie geschossen haben und wer die meisten Treffer erzielt hatte, das habe ich vergessen. Nur eines weiß ich noch genau, dass mein Vater mir mit einem strahlenden Lächeln den großen gelben Teddy in die Arme gab. Er war nur einen halben Kopf kleiner als ich, konnte Arme und Beine bewegen, hatte ein strubbeliges gelbes Fell und braune Knopfaugen.

Dieser Teddy war lange mein Lieblingsspielzeug. Als sein Fell an einigen Stellen durchgescheuert war und Holzwolle aus seinem Bauch quoll, gab es keine Möglichkeit mehr, meinen Teddy zu flicken. Da war ich sehr traurig.

*

Beim Zahnarzt

Als kleines Mädchen hatte ich keine guten Zähne. Die Schneidezähne, es waren ja noch Milchzähne, waren halb abgefault. „Das kommt von deinem ewigen Daumenlutschen", schimpfte meine Mutter. Aber der Daumen schmeckte mir so gut, dass ich mir das Daumenlutschen nicht abgewöhnen konnte. Wenn mir jemand aus dem „Struwwelpeter" vorlas und die Seite vom Daumenlutscher aufgeschlagen wurde, geriet ich in Panik. Sobald mir dann jemand mit besonderer Betonung und vorwurfsvollem Blick vorlas: „Denn der Schneider mit der Scher' kommt sonst ganz gewiss daher. Und den Daumen schneidet er ab, als ob Papier es wär'", dann versteckte ich blitzschnell meine Daumen in den kleinen Fäusten und verschränkte die Arme auf dem Rücken. Nie habe ich das Daumenlutscher-Bild im „Struwwelpeter" auch nur mit einem Finger berührt, solche Angst hatte ich.

Weil meine Schneidezähne so faul waren, meinte meine Mutter, es sei wohl besser, einmal mit mir zum Zahnarzt zu gehen. Zahnschmerzen hatte ich keine. Sie fuhr mit mir zum Zahnarzt Thelen nach Siersdorf. Er untersuchte mein Gebiss und erzählte meiner Mutter dabei etwas, das ich allerdings nicht verstand. Nun öffnete er ein kleines Glasgefäß, das aussah wie ein Pelikan-Tintenfass mit einer dunkelblauen Flüssigkeit. Er nahm eines seiner Werkzeuge, das aussah wie eine gebogene zweizinkige Gabel, tauchte sie in das Tintenfass, schob meine Oberlippe zurück und stach oberhalb meiner Schneidezähne in das Zahnfleisch. Das hätte er besser nicht getan, denn in einer Reflexbewegung holte ich aus und gab ihm eine schallende Ohrfeige. Der Arzt hat nicht zurückgeschlagen. Er hat die Ohrfeige eingesteckt. Er war wohl sicher, dass ich meinen Mund nur öffnete, wenn er mich mit der Spritze überraschte. Hätte er mir erzählt, was auf mich zukam, hätte ich wahrscheinlich das Wartezimmer zusammengeschrien. Jedenfalls ist es ihm gelungen, mir die beiden Wrackstücke aus meinem Mund zu ziehen. „Es tut jetzt nicht mehr weh", beteuerte er. Und das stimmte auch.

*

Erholung im Kinderheim

Als Kind war ich immer sehr dünn und blass und aß nie besonders gut. Meine Mutter machte sich deshalb große Sorgen um mich. Sie fuhr mit mir zum Gesundheitsamt nach Jülich. Nachdem man dort meine Lunge geröntgt hatte, untersuchte mich die Ärztin, Dr. Wowotka hieß sie wohl, gründlich. Danach kam sie zu folgendem Ergebnis: „Das Kind ist nicht krank, es ist nur zu faul zum Essen!" Das war nur wenig beruhigend für meine Mutter, denn als wir das Sprechzimmer verlassen hatten, weinte sie. Das sah eine freundliche Schwester im Vorzimmer. Sie tröstete meine Mutter und schlug vor, mich doch über die Caritas sechs Wochen zur Kur an die Ostsee zu schicken. Die Seeluft würde mir bestimmt gut tun. Meine Mutter willigte ein, und in den nächsten Sommerferien sollte es losgehen.

Schon bald bekamen wir eine Zusage von der Caritas. Ich konnte für sechs Wochen ins St.-Ansgar-Heim in Glücksburg bei Flensburg zur Erholung. Aus einer beigefügten Liste war zu ersehen, welche Sachen mitzubringen waren und was alles zu beachten war. Unter anderem musste in jedes Kleidungsstück ein Leinenbändchen mit meinem Namen eingenäht werden.

Voller Erwartung und mit großer Begeisterung trat ich meine erste große Reise vom Hauptbahnhof Köln aus an. Etwa 12 bis 15 Kinder wurden dort von einer Begleitperson in Empfang genommen. Tschüss, Papi, tschüss, Mami, noch einmal winken, und der Zug fuhr los. Langsam taute das Eis zwischen uns Kindern, es waren übrigens nur Mädchen. Auch im Kinderheim in Glücksburg waren ausschließlich Mädchen untergebracht. Gleich im Zug geriet ich schon mit einem Mädchen aneinander. Sie war aus der Stadt und hatte eine große, freche Klappe. Zudem wurde sie sehr neidisch, als ich ihr – naiv wie ich war – erzählte, dass ich 25 Mark Taschengeld bei mir hatte. Sie hatte nur 15 Mark. Ich glaube, 20 Mark waren höchstens erlaubt.

Das Ansgarheim in Glücksburg sah aus wie mehrere Schulgebäude, die in Hufeisenform gebaut waren. Die Bauten waren grau-weiß gestrichen und hatten einen großen Innenhof, der mit einem Eisentor verschlossen war. Alles war so neu, so fremd, kein Vater, keine Mutter, keine Geschwister oder Verwandte. Schon bald verließ mich der Mut, mit dem ich diese Reise angetreten hatte, und ein fürchterliches Heimweh überkam mich. „Ich bin krank, ich will nach Hause", jammerte ich den Schwestern vor, denn die Leitung dieses Heimes war in Händen von katholischen Schwestern. „Ach, so ist das, komm mal raus aus deinem Bett, da müssen wir andere Saiten bei dir aufziehen", sagte eine der rabiaten Nonnen zu mir. Sie holte mich aus dem Bett und brachte mich zu meiner Gruppe.

Drei Tage lang heulte und jammerte ich. Da sah ich ein, dass meine Tränen die Schwestern nicht rühren konnten. Sie blieben streng und unnachgiebig, nicht nur mit mir, sondern mit allen Kindern, die wie ich wieder nach Hause wollten. Ich war also nicht allein mit meinem Schmerz. Fünf weitere Mädchen waren vom Heimweh geplagt. Drei Wochen lang habe ich immer noch geweint und immer wieder an zu Hause gedacht, besonders mittwochs, wenn wir schreiben durften. Nicht einmal telefonieren durfte man.

Wie froh war ich, dass unsere Gruppe wenigstens eine nette Leiterin hatte. Sie war groß, blond, sehr hübsch und nicht Ordensschwester. Aber das Wichtigste war, sie hatte Verständnis für Kinder und großes Einfühlungsvermögen. Mit ihr gingen wir jeden Tag spazieren, und wenn schönes Wetter war, auch an den Ostseestrand zum Baden. Im Wasser waren oft viele Quallen. „Nehmt euch in Acht vor den Feuerquallen! Die haben ein rotes Kreuz in der Mitte. Wenn ihr sie berührt, brennt es fürchterlich auf der Haut", warnte sie uns. Ich machte mir einen Spaß daraus, die Quallen mit gespreizten Fingern aufzunehmen und mit Schwung weit wegzuschleudern. Dabei löste sich eine Qualle auf und glitt zwischen meinen Fingern durch. Es sind zwar Lebewesen, aber sie haben kein Blut, und so empfand ich sie eher als eine Art Wackelpeter.

Manchmal schauten wir auch zu, wie die Fischer ihre Netze leerten und säuberten. Da fanden wir kleine und große Seesterne, die wir sammeln und mitnehmen durften. Wir gaben sie zum Präparieren. Nach einigen Tagen konnten wir sie abholen und hatten so schöne, billige Andenken für unsere Lieben zu Hause. Am Strand entlang zwischen den Steinen lagen haufenweise Muscheln. Sie waren geschlossen und fast alle faul. Wir legten eine Muschel auf einen Stein und zertrampelten sie. Die Brühe spritzte nach allen Seiten und es stank fürchterlich.

Inzwischen hatte ich auch eine Freundin gefunden. Sie hieß Ellen und stammte aus einer Nachbarstadt meines Heimatortes Sie schlief neben mir in einem Schlafsaal, in dem 30 Betten standen. Alle waren mit weißen Laken bezogen, auch die Kopfkissen. Als Zudecke hatte jedes Kind eine oder zwei dicke, kratzige graue Wolldecken. Neben jedem Bett stand ein Nachttischchen, sonst war alles kahl und steril in dem großen Raum. Unsere Kleider und unsere sonstigen Habseligkeiten waren im angrenzenden Flur in einem Schrank untergebracht. Wir waren nach Altersklassen eingeteilt. Meine Freundin und ich gehörten zu einer der jüngeren Gruppen.

Einmal in der Woche wurden wir gewogen. Trotz Heimweh nahm ich in den ersten vier Wochen sechs Pfund zu. Es schmeckte auch gut, besonders wenn so viele Kinder zusammen am Tisch saßen. In dem großen Speisesaal standen lange Tische und Holzbänke in endlosen Reihen. Jedes Kind nahm seinen Teller und stellte sich in die lange Schlange zum Essenholen. Aus riesigen Kesseln schöpfte eine Schwester uns eine Portion auf den Teller. Zuerst bekam man von allem etwas aufgelegt. Beim ersten oder zweiten Nachfassen konnte man wählen, was man gerne mochte. Am besten schmeckte mir abends die Schokoladenpuddingsuppe. Untereinander prahlten wir damit, wie oft wir einen Nachschlag geholt hatten. Nach dem Abendessen ging es ins Bett. Jeden Abend las uns die Schwester eine Geschichte vor. Danach wurde gemeinsam ein Abendgebet gesprochen. Anschließend sollte Ruhe herrschen.

Doch das war nicht immer möglich. Wir hatten uns doch noch so viel zu erzählen und zu tuscheln. Einmal erwischte die Schwester, die zwei Räume beaufsichtigen musste, auch Ellen und mich. Sie hatte uns durch ein Schiebefenster aus dem höher gelegenen Schlafraum beim Reden beobachtet. Wir mussten unsere graue Decke nehmen, sie uns umhängen, Hausschuhe anziehen und für eine Viertelstunde in einer Ecke des Flures stehen. Fast in jeder Ecke stand hier so ein kleines Gespenst. Wir waren also nicht die Einzigen, die geschwatzt hatten. Einmal kam eine Schwester ahnungslos die Flurtreppe herunter, sah uns kleine Geister und war aufs Äußerste erschrocken. Da haben wir gelacht!

*

Von Glücksburg nach Kopenhagen

Zum Erholungsprogramm des Kinderheimes gehörte auch eine Busfahrt in die dänische Hauptstadt Kopenhagen. Dort wollten wir am Königspalast die Wachablösung miterleben. Geduldig nahmen wir auf einer Wiese im Gras Platz. Plötzlich entstand Unruhe in unserer Schar. Mit lautem „Ih" und „Ah" sammelten wir uns um ein Mädchen, das ein kleines Reptil, eine Blindschleiche, entdeckt hatte.

Unsere Gruppenleiterin Irmgard nahm das Tier in die Hände. Sie war etwa 30 Zentimeter lang und nicht viel dicker als ein Daumen. „Wer möchte sie einmal anfassen?", fragte sie. „Ich!" Es war schon eigenartig, wie das Tier sich in meiner Hand wand und an meinem Arm hochkroch. Aber Angst hatte ich überhaupt nicht, auch dann nicht, als sie ihr kleines Maul aufriss und züngelte.

Bald darauf begann die Wachablösung vor dem Königspalast. Es war eine eindrucksvolle Zeremonie, die sich uns da bot. Rechts und links neben jedem Eingang des Palastes stand ein weiß-rot gestrichenes schmales Holz-häuschen, vor dem jeweils ein Wachposten platziert war. Die Soldaten trugen schwarze Hosen, schwere schwarze Schuhe und einen roten Rock. Im Arm hielten sie ein Gewehr. Am auffälligsten aber war ihre Kopfbedeckung. Das war ein ungewöhnlich hoher Helm, der aus schwarzem Bärenfell gearbeitet war. Unter dem Kinn wurde er von einer goldenen Kette gehalten. Dieser Kopfschmuck reichte hinunter bis auf Augenhöhe. Die Posten standen stocksteif wie Statuen auf ihrem Platz und verzogen keine Miene.

Da hörten wir von weither Marschmusik. Mit der Militärkapelle marschierte in gleichen Uniformen eine große Gruppe neuer Wachposten an. Allen voran schritt der Kommandant mit seinem langen silbernen Stab. Auf sein lautes Kommando hin blieben alle auf der Stelle stehen und stampften mehrmals kräftig mit den Füßen auf den Boden. Wir verstanden die Befehle nicht, aber für die Posten vor den Wachhäuschen waren sie wohl Aufforderung, sich in die Gruppe einzureihen. Andere Soldaten aus der Gruppe gingen festen Schrittes bis vor die Wachhäuschen und bezogen dort für mehrere Stunden ihre Stellung. Wieder erklang Marschmusik und die Soldaten zogen ab.

Von diesem Ausflug und von vielem mehr konnte ich später zu Hause stolz berichten. Am Ende war ich heilfroh, als die sechs Wochen vorbei waren. Für meine beiden Schwestern Gertrud und Ingrid kaufte ich von meinem restlichen Taschengeld ein Andenken in einer Bude am Strand. Es war eine gläserne Halbkugel. Sie war mit Wasser gefüllt. Darin war ein Häuschen eingelassen. Wenn man die Kugel drehte und schüttelte, schien es, als ob es darin schneite.

*

Wieder daheim

Das war ein Herzen und Drücken, als ich um einige Pfunde gewichtiger wieder nach Hause kam. Meine Eltern, meine Geschwister und auch unsere Angestellten waren sich einig: Das Kind hat sich gut erholt. Auch meine Spielkameraden Mia und Leo waren froh, mich wieder bei sich zu haben.

Während meiner Abwesenheit hatte die Arbeit am Bau unseres neuen Hauses in Aldenhoven schon gute Fortschritte gemacht. Noch am Tag meiner Heimkehr fuhr ich mit meinem Vater zur Baustelle. Voller Stolz erklärte er mir: „Unsere neue Bäckerei wird zehn Kellerräume haben."
Das Haus wurde nämlich auf einem Trümmergrundstück errichtet, dessen Kellermauern noch so gut erhalten waren, dass sie in den Neubau mit einbezogen werden konnten.
Nun stand ich vor der Baustelle und war erstaunt, dass die Maurer die Außenwände des Erdgeschosses schon hochgezogen hatten.
„Warte nur", sagte mein Vater voller Optimismus, „in einigen Wochen sind auch die Innenwände gesetzt. Wenn wir dann durch die Räume gehen, kannst du dir schon gut vorstellen, wie unser neues Haus aussehen wird, wenn es einmal fertig ist."

Im März 1957 sind wir von Niedermerz nach Aldenhoven gezogen. Dort begann für mich ein anderes Leben. Aus dem kleinen Mädchen aus Niedermerz wurde bald ein Teenager.
Doch über diese Zeit hier zu berichten, das würde den Rahmen von „Kindheitserinnerungen" sprengen.

*

Nachwort

Nachdem wir schon ca. 35 Jahre aus Niedermerz weggezogen waren, bot sich mir die Gelegenheit, noch einmal durch unser ehemaliges Haus zu gehen. Onkel Hein, ein Bruder meines Vaters, hatte es von der Rheinbraun-Gesellschaft zurückgekauft. Als ich durch das Haus ging, kam so manche Kindheitserinnerung wieder zurück. Es war eigenartig. Die Räume, besonders unsere Veranda, hatte ich viel, viel größer im Gedächtnis.

So manches, was ich hier in meiner Kindheit erlebt habe, mag zwar für einen Erwachsenen keine große Bedeutung gehabt haben. Für mich aber war es so beeindruckend und prägend, dass ich es ein Leben lang nicht vergessen werde. Beim Schreiben waren meine Empfindungen oft so stark, dass ich manchmal laut gelacht und manchmal auch leise geweint habe. Es gab viele Augenblicke, da glaubte ich, alles noch einmal zu erleben.